「なぜかお金が貯まる人」やっていること

田口智隆

廣済堂新書

JN153003

プロローグ
——なぜ、あなたは「貯まらない」のか？

単刀直入に聞こう。

あなたはなぜ、お金が貯まらないのだろうか？

「ついつい、ムダ使いしてしまうから」

「給料が少ないから」

「家計簿をつけていないから」

人によって、いろんな答えがあるだろう。

もちろん、どれも間違いではない。

しかし、今までに千二百人以上の方から「お金にまつわるお悩み相談」を受けてきた私から言わせれば、お金が貯まらない人の原因はただひとつ。

「自己管理ができていないから」これに尽きると思う。

自分で自分をコントロールできない人は、総じてお金に関してもルーズだ。

まわりの人に流されるまま、自分の欲望のままにお金を使っているうちに、月曜日にATMで1万円札を補充したはずが金曜には1000円札一枚しか残っていない状態、というパターンに陥《おちい》ってしまうのだ。

たとえば、こんな感じだ。あなたにも、身に覚えがあるのではないだろうか？

■K助のケース

同じ課に勤める三年先輩のY太が、K助に話しかけてきた。

「おい、K助、これ見てみろよ！　新しく出たiPhone SE、さっそく買っちゃった。めちゃくちゃカッコいいだろ！」

K助は、キラリと光るY太のiPhone SEを横目で見ながら、先月、さんざん悩んだあげく購入したばかりの自分のギャラクシーを見つめて少し後悔をしている。

そして心の中で、こうつぶやく。

「あぁ、やっぱりY太先輩と同じiPhone SEにすれば良かったかな～。なんだかすごくうらやましくなってきたぞ。よし、週末にでも買いにいくか！ カードでリボ払いすれば、なんとかなるだろ」

あるいは、こんなケースも、あるかもしれない。

■A子のケース

ある日、会社の昼休みでの出来事。

同僚のB子が、A子に話しかけてきた。

「ねえA子、今日の帰り、会社の近くに新しくできたイタリアンに寄っていかない？ 今日、雑誌を見たらさ、紹介されてたのよ、あのお店のパスタ。すごくおいしそうだったんだ〜♪」

と、今にもよだれを垂らしそうな勢いで、満面の笑みを浮かべながら語るB子。

A子もつられて愛想笑いを浮かべるが、内心気が進まない。

A子は心の中で、こんな葛藤を続けている。

「今月はお金を使いすぎたんだよね。それにダイエットもしているから、イタリアンはちょっと……。でも、断ったらB子が怒るかなぁ……」

愛想笑いを浮かべているA子を見て、B子はOKと受け取ったのだろう。

「じゃあ、今日十九時に予約を入れとくね〜」と、意気揚々とデスクに戻っていった。

「あぁ……私って、なんでいつも人に流されてしまうんだろう……」

A子はため息をつきながら、大事にとっておいた財布の中の全財産5000円を眺めて、うなだれる。


と、まあこんな調子だ。

自己管理できず、自分の軸を持たず、他人や自分の欲望にズルズル流されている人は、どんなに高額な給料をもらっていたとしてもお金など貯まらない。貯まるわけないのだ。

こんな偉そうなことを言っている私だが、何を隠そうこの私自身も、つい10年ほど前までは、「借金大魔王」だった。

まわりの人やその場の雰囲気に流されるままお金を湯水のように使い、気が付いた時には借金が500万円にまで膨らんでしまっていた。言うまでもなく、日々の生活もすさんでいた。タバコにお酒、そしてギャンブル……。

つまり、お金にルーズだった私は、人生の管理以前に、自分自身をコントロールすることさえできていなかったのだ。

もちろん、読者の中には当時の私ほど大きな借金を抱えている人は、ほとんどいないだろう。

「おまえと一緒にするなよ！」と、おしかりを受けるかもしれない。

しかし、「これくらいならまだ大丈夫だろう」という考えで、流されるままにズルズルお金を使っていると、お金が貯まらないばかりでなく、知らず知らずのうちに私のような「借金大魔王」にだってなりかねない。

「自分だけは大丈夫」なんていう甘い考えを持っているなら、今すぐ捨てたほうがいい。

私はこれまで、お金で人生を踏み外してしまった人達を何人も見てきたから、言える。人間、一端坂道を転がりだしたら転落するのはあっという間なのだ。

ただし、私がこれから本書で紹介する内容を、ひとつひとつ実行に移していったなら、あなたは間違いなく〝貯金体質〟になれる。

銀行口座にお金が増えていくのに比例して、自分の人生をきちんとコントロールすることもでき、人生をバラ色に導かせることができるのだ。つまりお金を貯められるという管理能力が身につくと、仕事も恋愛も健康も、人生すべてがうまく回りはじめるのだ。

なぜ、私がこんなふうに断言できるかというと、私自身、本書で紹介する「お金が貯まる習慣」を身につけたことで、〝自己管理〟する能力が身につき、わずか二年で500万円あった借金を完済することができたからだ。

それだけじゃない。

仕事もうまくいっているし、恋愛も長続きするようになった。ダイエットにも成功し、90キロあった体重は60キロに、一日六十本は吸っていたタバコも見事禁煙し、ここ何年もの間健康診断ではすべての数値が正常値の範囲内で健康も維持している。

さらには、あくせく働かなくても生きていけるだけの〝経済的自由〟まで手に入れることができた。


今あなたが、「なぜ自分はお金が貯められないんだろう……」「なぜすべてがパッとしない人生なんだろう……」と悩んでいるならば、ぜひこの先を読み進めてほしい。

私と一緒に、「人生がうまくいくお金が貯まる習慣」を身につけて、人生をバラ色に変えようじゃないか！

「なぜかお金が貯まる人」がやっていること

目次

第一章

お金にだらしない人は人生もだらしない！

お金とどう付き合えるかがその人の人生を決める

第二章

お金が貯まる習慣・貯まらない習慣

日々の行動で「お金に好かれる人生」になれるかどうかが決まる

第三章

お金との付き合い方、意識を変えてみよう

給料は平均、借金もない。でも、なぜ貯まらないのか？

第四章 幸運を呼ぶ、お金の整理・管理術

グダグダなお金の習慣を徹底改善！

第五章

「なぜかお金が貯まる人」ってこういう人

貯金体質になると人生がうまく回りだす

第一章

お金にだらしない人は人生もだらしない！

——お金とどう付き合えるかがその人の人生を決める

お金の管理は人生の管理

あなたの身のまわりで、「この人、コツコツお金を貯めてそう」「お金の管理をしっかりしてそう」と思う人物の名前を挙げてみてほしい。

会社のS部長、同僚のM君、あるいは、学生時代の親友のK子……。

何人、名前を挙げられただろうか。

名前が思い浮かんだら、あなたがその人に対して抱いているイメージを思いつくまま言ってみよう。

「まじめな感じ」
「とにかく几帳面」
「時間にきっちりしている」
「仕事ができる」
「料理も上手」

「まわりから信頼されている」

かなり、プラスのイメージが多く挙がったのではないだろうか。

お金の管理がしっかりできて、きちんと貯金をしている人は、総じて〝自己管理〟ができている。

なぜなら、プロローグでもお話ししたように、お金を貯められない人の原因は、「自己管理ができない」ことにあるからだ。

ここで少し、今から十年ほど前のことをお話ししたい。

当時二十八歳だった私は、５００万円もの借金を抱えていた。その頃は塾の講師をしていて、月給は50万円もあった。

「そんなにもらっているのに、なんで借金するの？」

と、あなたは不思議に思うかもしれない。

たしかに、二十八歳で月給50万円というのは、同年代の会社員と比べてもかなり多いほうだったと思う。

しかし、ごく当たり前のことだが、いくら月給50万円もらっていようとも、それ以上に消費していたら、借金は右肩上がりで増えていく。

例えば、毎月100万円のお金を使ったとしよう。

収入50万円 − 支出100万円 ＝ 50万円の赤字

になってしまうことくらい、小学生だってわかるだろう。

何を隠そう私の場合、月給50万円に対して、月々の出費は確実に80万円を超えていただろう。

「だろう」という曖昧《あいまい》な言い方しかできないのは、実は自分でも、どれくらいお金を使っていたのか、まったく把握できていなかったからだ。

つまり、それほど当時の私の生活は、すさんだものだった。

決して現状に不満があったわけではないのだが、「今さえ楽しけりゃ、それでいいや」と流されていたんだと思う。

塾の仕事が終わってからは、ただキラキラした華やかな世界に憧れて、毎晩のように同僚や後輩たちと夜の街に繰り出した。

キャバクラをはしごして、使ったお金はすべてカードでリボ払い。見栄っ張りでカッコつけの私は、後輩の分まで、すべておごっていた。

キャバクラ通いだけじゃない。休日になると、競馬やパチンコのギャンブル三昧《ざんまい》。一日で10万円以上負けることも珍しくなかった。お金がなくなると、カードでキャッシングが定番の生活。

当たり前のことだが、カードは打ち出の小槌《こづち》ではない。使ったら使った分だけ、ご丁寧に利子までつけて請求される。借金の返済額よりカードの借入額のほうが多ければ、借金などいっこうに減るわけはないのだ。

さらに悪いことに、私の場合は“リボ払い”という定額支払いにしていたので、ますます借金は増えていく一方だった。ついには、カード利用額の上限額にまで達してしまい、借金を返すために新たなカードをつくる……という負のスパイラルに陥っていた。一番多いときで、十枚のクレジットカードが財布に入っていたので、いったいどのカードでいくら借金しているのかすら、把握できなくなっていた。

なんて自堕落な生活なんだろう……。今思い出してもゾッとする。

当時の私は、お金の管理以前に、自分自身の〝人生の管理〟ができていなかったのだ。お金にルーズで借金を抱えている人は、程度の差はあれど、当時の私と似たり寄ったりではないだろうか。

一方で、あなたがさっき挙げてくれたような「この人、コツコツお金を貯めてそう」「お金の管理をしっかりしてそう」という人達はどうだろう。

二十八歳の頃の私とは、正反対の生活を送っているはずだ。目的を持って消費し、稼いだ給与の範囲内できちんと責任を持ってやりくりできる――。

日々〝自己管理〟をしっかり行い、自分の人生に責任を持てる人こそが、お金の管理もできるのだ、ということを心得ておこう。

ダメな浪費は人生もダメにする

お金と時間をうまく使える人ほど、人生において成功する確率が高い、と私は思っている。

なぜそう思うようになったかというと、成功しているセミナー講師や著者の仲間は、みんなお金と時間をうまく使っているからだ。

ひとつ、わかりやすい例を挙げてみよう。

ときどき、講師仲間で情報交換のために飲み会を開くことがあるのだが、二次会や三次会までダラダラと飲み続けることはめったにない。一次会だけでスパッと切り上げることがほとんどだ。

「ホンネが言い合えるのは二次会からだよ！」

と思う方もいるかもしれないが、それは飲み会の演出にかかっている。

講師仲間での飲み会は、みんなが食事を楽しみながら、ゆったり落ち着いて話ができるように、飲み会の店選びに細心の配慮がなされている。

言い方は悪いが、「飲み放題、料理八品付きで３０００円ポッキリ！」というような店を選ぶのではなくて、たとえ一人５０００円以上かかったとしても、ゆったりとした空間で食事と会話が楽しめる店をチョイスする、といった具合だ。

少し料金が高めでも、落ち着いて話ができる個室の空間と、おいしい料理が提供されるなら、わずか二時間でも十分満足のいくコミュニケーションをとることができる。

もちろん、「飲み放題、料理八品付きで３０００円ポッキリ！」といった店が悪いと言っているのではない。

ただ、そういう店を選ぶと、どうしても店の中が慌《あわ》ただしかったり、落ち着いて話せなかったりで、必ず一次会が終わったあとに「じゃあ場所でも変えて、ちょっと落ち着けるところで……」と、二次会に行かなければならないハメになってしまう。

こうなると、結局はお金も時間もグダグダと浪費してしまうことになりかねない。

お金も時間も、使うところでは惜しまずに使う、締めるところでは締める、というのが人生で成功する秘訣なのだ。

先ほどの項でもお話ししたが、私自身二十八歳の頃は、給料のほとんどを、いや給料の額をオーバーして、タバコ代や飲み代、そしてギャンブルにつぎ込んでいた。

毎晩のように、塾の仕事が終わる夜十一時以降になると、同僚や後輩と一緒になじみのキャバクラに向かった。

素敵な女性たちとともに過ごす時間は、もちろんそれなりに楽しい。しかし、今改めて振り返ってみると、財産になるような物は何も残らなかった。それどころか、残ったのは500万円の借金だけだ。

結局、ただの一人も彼女をつくることはできなかったし、仕事につながるような出会いもなかった。たんに、自分の貴重な時間とお金を浪費しただけなのだ。

ギャンブルにしてもまた同じ。

せっかくの休日を費やして競馬につぎ込んでも、残ったのはハズレ馬券の山。パチンコだって、これまでに何百時間費やしたかわからないが、トータルで考えると、確実に〝負け〟のほうが多い。


その瞬間の快楽や欲望に流されて、ズルズル時間やお金を浪費していると、あとで私のように借金を背負い、手痛いしっぺ返しをくらう。

この項のタイトル通り、「ダメな浪費は人生もダメにする」というのは身をもっての教訓なのだ。

さすがに読者の中で、当時の私ほど身を持ち崩している人はいないと思うが、**気晴らしの衝動買いや、上司のグチしか言わない同僚との飲み会なども、あなたの貴重なお金と時間の浪費になっていないだろうか。**

社会人になってから今まで使ってきたお金と時間について、ちょっと振り返って考えてみよう。

人を大切にする人の元にはお金が集まってくる

今まで私が出会ってきた人の中で、「お金持ちの人」の共通点を挙げてみると、次の三点が思い浮かぶ。

一、お金を大切に扱っている人
二、人とのご縁を大事にする人
三、人望が厚い人

では、順番に説明していこう。

まず、「一、お金を大切に扱っている人」について。

あなたも幼い頃、親から「お金は大事に扱いなさい」と言われてきたのではないだろうか。

親の言うことは、あながちウソではない。**お金を粗末に扱う人のところには、本当に、**

お金は集まってこないのだ。

例えば、くしゃくしゃの紙幣をポケットにつっこんだままにしていたり、家のあちこちに小銭を置きっぱなしにしている人は、たいていお金と縁がない。

お金がないのにお金に無頓着で、道に1円が落ちていても知らんぷりをする。それどころか、使っていないケータイをいつまでも解約せずに、毎月5000円以上もムダなお金が引き落とされている……なんてことも、よくあることだ。

これではお金なんか貯まるわけがない。

一方で、お金持ちの人はどうかというと、紙幣はすべてきちんとそろえて財布の中にしまっているし、いくらお金に余裕があったとしても、1円をおろそかにすることはない。わずか20円のチロルチョコだって、1円でも足りなければ買えないことを身に染みてわかっているのだ。

1円を笑うものは、1円に泣く――。お金を大切に扱い、1円の重みを自覚している人のところにこそ、お金は集まってくるのだと心得ておこう。

「二、人とのご縁を大事にする人」について。

私の著者仲間や投資仲間を見ていると、**人生に成功している人ほど腰が低いし、相手の地位に関係なく、人に対して丁寧に接している。**

ひとり、例を挙げてみよう。

『ボクらの日本一周どんぶらこ　きびだんごを配って四千里』（吉備人出版）の著者である石井達也氏は、私の良き友人であり投資仲間なのだが、彼は、実に人とのご縁を大事にしている。

例えば、私と会った後は必ず「先日は、ありがとうございました」と万年筆でしたためた手紙を送ってくれたり、人と人との縁を結ぶことが大好きで、いろいろな人を私に紹介してくれたりもする。

やはり、心のこもった直筆の手紙を受け取ると、「この人は私を大切にしてくれているな」と実感するし、誰かを紹介してくれると、「友だちとして認めてくれているんだ」

と、うれしい気持ちになる。そして、また何かの形で恩返しをしたいと思うようになるものだ。

そんな具合だから、彼のまわりには、いつもハッピーなオーラがあふれていて、たくさんの人が集まっている。

人の集まるところには情報が集まり、そこから縁が生まれ、またビジネスにつながっていく。

もし、今あなたが「お金がない……」とわびしい思いをしているのなら、もう一度、「自分は人とのご縁を大事にできているか」と振り返ってみよう。

最後に、「三、人望が厚い人」について。

「信用」は、イコール「お金」だと、私は思っている。

なぜなら、信用できない人から物を買おうとは思わないし、ましてや、その人自身に投資をしようとは思わないからだ。

もし、今あなたが「ビジネスをはじめたい」と思っているが、十分な資金がなかったとしよう。お金がなければ、本当にビジネスははじめられないのだろうか？

答えはノーだ。

たとえ十分な資金がなくても、あなたに〝人望〟さえあれば、出資してくれる人が現れる（もちろんビジネスプランが良いことが前提だが）。

しかし、あなたに人望がなければ、いくらビジネスプランが良くても、誰も手をさしのべてくれないだろう。

だからもしあなたが、「自分にはお金も経験もない」と嘆いているなら、まずは人望の残高を積み上げることからはじめてみよう。

そのための努力なら、お金がなくても今すぐにスタートできるはずだ。

物があふれても心は満たされない

例えば、夕食にステーキとカツ丼と、フォアグラが出たら、あなたはうれしいだろうか？

たしかに豪華なメニューには違いないが、それぞれの個性が強すぎて、せっかくのおいしい食材が台無しになってしまう。

物もそれと同じ。

いくら豪華な物に囲まれていても、バランスが悪ければかえって下品に見えて、宝の持ち腐れになってしまうのだ。

以前、私の部屋は、足の踏み場もないほど物にあふれていた。

ただでさえ狭いワンルームマンションの部屋には、映画のＤＶＤや、買ったままで〝積ん読〟になっている本。

勉強しようと思って申し込んだはいいが一度も開かれることがなかった通信教育の教材。

そしてクローゼットの中には似合いもしないド派手なブランド物のネクタイやスーツ。それとはまったく正反対のユニクロの色違いのフリースが五着……。物はあふれていて、一見何の不自由もない生活のようだった。

しかし、どんなに物が満ちあふれていても、私の心は決して満たされることはなかった。なぜなら、自分にとって「本当に大切な物が何か」ということを、見失っていたからだ。

自堕落な生活と決別するために、私は自分にとって本当に必要な物だけを残して、すべてを処分することにした。

あふれかえっていたブランド物の洋服も、すべてヤフオクで売り尽くした。一度観たＤＶＤや積ん読になっていた本も、すべてブックオフに売り払った。

そして、自分にとって本当に大切な物だけを残した結果、数冊の本と、幼い頃のアルバムくらいしか残らなかったのだ。

思い切って自分に不必要な物をバッサリ処分したら、足の踏み場もなかった部屋が見違えるほど余裕ができた。と同時に自分の心にも大きなゆとりが生まれたのだ。

物は少なくなったのに、心は満タンに満たされていた。

欲望のままに、ほしい物をすべて手に入れていると、自分にとって本当に必要な物が何なのか、わからなくなってしまう。**自分を見失ってしまったときは、部屋の中を見渡し、不必要な物はすべて処分してみよう。**

そうすれば、あなたにとって本当に必要な物が何か、わかるはずだ。

どこで使ってどこで締めるかのバランス感覚を養うコツ

普段はコツコツと節約しているのに、ときどき「え、そこで？　それを買っちゃう？」とビックリするようなところで散財する人を見かける。

あなたにも、次のような経験はないだろうか。


例えば女性の場合。食材を買うときには、いくつかのスーパーや商店街で値段を比較して、1円でも安いところで買うのに、洋服や化粧品を買うときには、ウン万円するような高価な物でも、いとも簡単にポンと購入してしまう……、なんてこと。

実は私も、女性の買い物に付き合わされることがあるが、その際に、よくこんな場面に遭遇するのだ。

普段はかなり節約家の女性でも、百貨店のバーゲン会場などでは人が変わる。

しかも「そんな服、ほとんど着る機会ないでしょ！」と、思わず突っ込みたくなるようなド派手な洋服でも、「50％ＯＦＦ」という値札が付いていると、「これ！　すごくお買い得！」と言って、ためらいもせず買ってしまうのだ。

50％ＯＦＦというからには、さぞ安いのだろうと思って元の値段を見てみると、なんと5万円！　おそらく、買ってもほとんど袖を通さないであろう、そのド派手な洋服に、2万5000円も支払うことが、果たして「お得」なのだろうか。

なぜ、普段は1円でも安い食材を求めてスーパーをはしごする女性が、2万5000円もする洋服を即決で買ってしまうのだろう……。

「普段の節約が水の泡じゃん！」と思うのだが、こういう方は結構多いはずだ。

女性に限らず男性も同じだ。普段は、一食250円くらいの牛丼で昼食をすませているのに、いったんパチンコ屋に入ると、「あともう一回、もう一回」と、どんどんお金をつぎ込んで、あっという間に数万円を使ってしまうような人も少なくない。

もちろん、どんなお金の使い方でも、それがあなたにとって、心から満足のいくものならかまわない。しかし、**いっときの気分の高揚に任せて衝動買いをしてしまったり、**

お金をつぎ込んでしまったりすると、あとでかならず「あれ？　なんでこんな物に大金を使っちゃったんだっけ？」ということになりかねないので、十分注意してほしい。

また、普段あまりにも節約生活をしすぎていると、どこかでリバウンドが起きて、〝ドカ買い〟をしてしまう。これは、ダイエットのリバウンドと同じことだ。

実は、節約とダイエットは、とても似ている。

ダイエットでストレスが溜まりすぎてリバウンドを起こさないためには、ときにはケーキやラーメンを食べることだって必要なのだ。大事なのは、「昨日はちょっと食べすぎたから、今日は控えておこう」と、自己コントロールできる力をつけること。

節約においても同じで、「先月は使いすぎてしまったから、今月は節約しよう」というふうに、**出費をコントロールできるか否かで、お金が貯まるスピードが変わってくる。**

「どこで使って、どこで締めるか」のバランス感覚さえ身につければ、お金を貯めることもダイエットすることも、それほど難しくはないものだ。

ヤケ買い、衝動買いは心がすさんでいる証拠

「お金の使い方」を見ていると、その人が今、どういう心の状態なのかがすぐにわかる。

例えば、あなたにはこんな経験はないだろうか。


日々、嫌な上司と顔を突き合わせ、クライアントには下げたくない頭を下げ、たいしてやりがいのない仕事を淡々とこなす日々。

おまけにプライベートでは、彼（もしくは彼女）にフラれ、もう三十代も間近というのにシングルの身。結婚相手を探したくても、お金も貯めてないから結婚もできない……。

「あ〜、やってられるか、こんな生活！」

と大声で叫びたいところだが、そうする勇気さえ湧いてこない。

もはや、唯一の楽しみは〝給料日〟。

たいした額をもらっているわけではないが、パーッと買い物でもしてウサを晴らさな

きゃ、やってられない！

給料日の二十五日、あなたは終業時間を待って、さっそうと家電量販店のはしごをする。ずっと目を付けていたデジカメやゲーム、チェックしておいたゴルフクラブなどを、ここぞとばかりに買いあさる。あなたのアドレナリンは全開だ。

「あ〜、スッキリした〜」

大満足のあなた。でも、家に帰って買い物した商品を眺めていると、「オレ、本当にこんな物がほしかったんだっけ……」と、なぜかわびしい気持ちになる。

なぜなら、**買い物したのに自分の心が満たされていないから――**。

仕事のうっぷんや、プライベートの悩みは、それ自体を解決しないと、買い物に逃げたって心は満たされないのだ。

これは、一番もったいないお金の使い方。

あなたに買われたデジカメもゴルフクラブも、ウサ晴らしのために利用されたんじゃ、

「もっと、必要とされている人に買ってもらいたかった」と、泣いているかもしれない……。


実はその昔、私も同じような過《あやま》ちを犯したことがあるから、よくわかる。

そう、私が「借金大魔王」だった頃。何を隠そうブランド依存症になっていた。当時、自分に自信が持てなかったので、ブランドで身を包むことによって自分を大きく見せようとしていたのかもしれない。

キャバクラ通い、競馬にパチンコ、そのうえにブランド依存症……。これじゃ、お金なんて貯まるわけがない。

今振り返っても、つくづくあの頃の私は心がすさんでいたんだな、と思う。

ギャンブルに行くのはお金がないから。キャバクラに行くのは彼女がいないから。そしてブランド物を着るのは自分に自信がないから。

すべてに共通するのは、満たされない現状を一時的に解決するものの、根本的な解決にはなっていない、ということだ。

だからもしあなたが、ヤケ買いや衝動買いをやめられないのなら、一度立ち止まって自分の心を見つめ直してみよう。

きっと、自分でも気づいていない〝悩み〟があるのかもしれないから――。

その根っこの部分を改善し、すさんだ心を満たしてあげなければ、あなたのお金の使い方は改まらないだろう。

ちなみに、なぜ私がキャバクラ通いやギャンブル、それにブランド依存症と決別できたかというと、「〝ラットレース〟から抜け出す」という目標を見出すことができたからだ。

〝ラットレース〟とは、お金を稼ぐために、あくせく働き続けなければならない人生のこと。

この言葉との出会いは、『金持ち父さん、貧乏父さん』（ロバート・キヨサキ著／筑摩書房）というベストセラーになった本との出会いがキッカケだった。

「借金大魔王」だった二十八歳の頃の私は、借金のことはなるべく考えないように、日々をただ面白おかしく過ごしていた。

でも、私だってそれほどバカじゃない。心の片隅では「このままじゃマズイ……」と気づいていた。でも、何も行動を起こせない日々――。

もんもんとしていたある日、飲んだ帰りに立ち寄った書店で、平積みになっているその本に目がとまった。

なぜか気になってパラパラとページをめくっていると、ある一文が私の目に飛び込んできた。

「このままでは、あなたは一生『ラットレース』に巻き込まれ、死ぬまでがむしゃらに働き続けなければならない。会社の持ち主に利益をもたらすために働き、政府に税金を払うために働き、銀行ローンを返すために働き、クレジットカードで買い物の支払いをするために働くのだ」

「コレ、俺のことじゃん！　このままだと、借金を返すために一生働き続けなくちゃいけない……」

先の見えない生活を想像して、背筋がゾッとしたことを覚えている。

「一刻も早く、〝ラットレース〟から抜け出そう。そのためには、借金を返さなくちゃ！」

そう決意した私は、わずか一ヶ月たらずで、これまでの浪費生活にピリオドを打つことができた（その方法については『28歳貯金ゼロから考えるお金のこと』（中経出版）で詳しく書いたので、そちらをご覧いただきたい）。

だから、もしあなたも浪費がやめられないならば、すさんだ心の原因を突き止めてそれと向きあうことだ。新たな目標を見つけてみよう。きっと、これまでの生活が改められるはずだ。

お金を正しく使える人は、自分のスタイルを持っている

私の経験から言うと、**自分のスタイルを持っていない人は、無駄な出費が多い。**

例えば、あなたの会社にもこんな人はいないだろうか。

同僚の誰かが、「オレ、最近ゴルフをはじめてさ～」と話しているのを耳にしたとたん、それまでゴルフになんてまったく興味を示していなかったくせに、急に対抗心を燃やして高いゴルフクラブを購入。

数日後、会社の休憩室で「いや～、オレも実はゴルフをはじめてね」と、自慢げに買ったばかりのゴルフクラブの話をペラペラしゃべりまくっているような人。

だけどこんな人に限って、他の同僚が「オレ、フットサルをやってんだよね」なんて話をしているのを聞くと、すぐにフットサルのシューズを買い込んで自分も参加しようとする。もちろん、高いゴルフクラブは玄関の隅にホコリをかぶったまま放置……、という状態。

こんなタイプは、趣味だって長続きしないし、お金だって貯まらない。

なぜ、こんなふうにまわりの人に流されてしまうのだろうか――。

おそらく、**自分のことを自分でわかっていないから**、だと私は思う。

自分にとって何が大切で、自分はどんな物が好きで、自分はどんな生活が送りたいのか。それが明確にわかっている人は、決して人に流されて無駄なお金を使うことがない。

例えば、「私はパンツスタイルが好きなの」というように、自分に一番似合うスタイルを知っている女性なら、いくら世の中で〝ミニスカ〟や〝リゾート風のロング丈ワンピース〟が流行《はや》ろうとも、似合わないものを買ってタンスの肥やしにしたりしないだろう。

そんな人は、気乗りしない飲み会に誘われても、「今日は先約があるから」と、はっきり誘いを断れるはずだ。

その代わり、自分にとってこだわりのある物には、ちゃんとお金をかける。

例えば、少しくらい値段が高くても、自分の体にフィットするパンツを購入するだろうし、家に帰ればオーガニック食材で優雅に自炊しているかもしれない。

つまり、**自分のスタイルをきちんと持っている人は、お金をドブに捨てるようなことはせず、自分のこだわりどころにだけ、かしこくお金を使える**のだ。


繰り返しになるが、私が「借金大魔王」だった頃、やはり自分のスタイルなんてまったく持っていなかった。

「ブランド物を身につけていれば、一目置かれるだろう」という安易な気持ちで、似合いもしないド派手なブランドのスーツを身につけていた。きっと、一目置かれるどころか「なに？　この趣味の悪い人」と、奇異な目で見られていたに違いない。


しかし今は違う。

自分には、派手なブランド物のスーツよりも、ナチュラルで着心地の良いジャケットとジーパンが一番合うことがわかった。

なぜ、私がそれに気づけたかというと、借金地獄から抜け出し、十分な資産を手に入れて、自分自身とじっくり向き合う時間が持てたからかもしれない。


もし、あなたが今、まわりに流されて「自分のスタイル」が持てないでいるとしたら、もう一度立ち止まって自分自身をじっくり見つめ直してみるといい。

自分にとって本当に大切な物は何か、自分が本当に好きな物は何か、本当はどんな生活が送りたいのか――。

改めて自問自答していると、少しずつその答えが見えてくる。そして、本当に必要なことだけにお金を使えるようになるのだ。

仕事、恋愛、健康、すべてをコントロールする方法

何度も申し上げるようだが、**人生を成功に導けるかどうかのカギは、自分で自分をコントロールできるかどうかにかかっている、といっても過言ではない。**

例えば、**「仕事」**。

「この会社、つまらないな〜」といってどんどん転職していたら、いつまで経っても能力が身につかないし、「だったら適当にやっていればいいんでしょ」と、手抜きの仕事をしていると、社内での評価が上がらないばかりか、自分自身も磨かれない。

自分の気持ちをコントロールして、現在のポジションや、与えられている仕事の中で努力し、自分なりの〝やりがい〟を見つける。

それができてこそ、いつか大きなチャンスが巡ってきたときに、つかみとれるのだ。

また、仕事で何かのプロジェクトを進めるにしても、「スケジュールの管理」「人の管理」「予算の管理」というように、すべてうまくコントロールできてこそ、そのプロジ

ェクトは成功する。

いくら良いものができあがっても、予算がオーバーしたり納期が遅れたりすれば、その仕事は〝成功〟とは言えない。

コントロールがいかに大切かということは、社会人経験のある人なら、身に染みてわかることだろう。

コントロールが必要なのは、何も仕事だけではない。

「恋愛」も同じ。

男性の場合なら、本能のままに女性に声をかけまくっていたら、間違いなく変態だと思われてしまう。また、まったく脈がない相手をいつまでも追っかけていたら、ストーカー呼ばわりされてしまうだろう。

そんなときは、自分の気持ちをコントロールして、「欲望を抑える」あるいは、「すっぱりあきらめる」ことが大事なのだ。

かつて私も、恋する気持ちをコントロールできず、手痛い失敗をしたことがある。

そう、キャバクラ通いをしていた頃。お店に気に入った女性がいて、彼女に会いたいがために毎晩通い詰めていた。

彼女につぎ込んだお金は、３００万円をくだらないだろう……。しょっちゅうプレゼントをあげたり、差し入れを持って行ったりしてアタックしたが、一年間通い詰めて店の外で会えたことは一度もなかった！

完全な敗北で、残ったのは多額の借金だけ。

私のようなひどい失敗をした人はそういないだろうけど、私の手痛い失恋話を聞いたことで、恋愛においても気持ちをコントロールすることがいかに大切か、ということがわかっていただけただろう。

コントロールが必要なものは、まだ他にもある。

それは、**「健康」**だ。

ステーキやポテトチップス、ハンバーガーなどがいくら好きだからといって、自制せずに食べ続けていると、ぶくぶくと太る。

太るだけなら、まだいい。さまざまな病気の原因にもなるからやっかいだ。

実は、「借金大魔王」だった頃の私は、何をかくそう体重が90キロ近くあった。

毎晩のお酒に加え、昼はハンバーガー、おやつにポテトチップス、飲んだ後にラーメンという不摂生を繰り返した結果、動くのがしんどいほど太りすぎてしまったのだ。

幸いなことに、まだ二十代だったし、その後30キロ以上のダイエットに成功したからよかったが、オデブちゃんのままだったら、間違いなく今ごろ成人病にかかっていただろう。

規則正しい生活をし、健康をコントロールすることがいかに大切か、身に染みてわかった出来事だった。


「仕事」「恋愛」「健康」。

どれひとつ欠けても、人生はつまらない。

本気で人生を成功に導きたいなら、すべてにおいて自分をコントロールすること。

これを肝に銘じておこう。

「ほしい物」と「必要な物」を見極めるコツ

私のまわりにも、「ついつい必要のない物を買ってしまう」という人が数多くいる。

そういう人の傾向を見ていると、たいてい「自分の軸」が定まっていないのだ。

平たく言えば、〝オレ流〟がない、ということ。

例えば、次のような状況のとき、あなたならどうするだろうか？


あなたは都心に住んでいるとする。

仲の良い郷里の友人が、「オレ、最近車を買ったんだよ」と、あなたにわざわざ電話をかけてきて、自慢げに話したとしよう。あなたは車など持っていない。そのとき、あなたはどう反応するだろうか。

「くそ～、先を越されたなぁ、オレも早く買わなくっちゃ」と、焦りを感じる？

そして、まだ1円の貯金もないのに、ローンを組んで車を購入するだろうか？

「もちろん、そうする！」と答えたあなたは、少し頭を冷やして考えてほしい。

あなたの悔しい気持ちはよくわかる。が、あなたの友人は、車がないと不便な田舎に住んでいる。しかし、あなたの住まいは都心だ。どこへだって地下鉄を使えばすぐに移動できる。

おまけに、都心で駐車場を借りようと思えば、安アパートを借りられるんじゃないか、と思うくらい高い。こんな状況で、あなたにとって車は必要だろうか？

車を買うようなお金があるのなら、将来のために何か勉強をはじめたり、見聞を広めるために旅行に出たりするほうが、まだ有効かもしれない。


人間は欲望の生き物だ。人が持っている物を、何でもほしくなってしまう気持ちは痛いほどわかる。

しかし、そこでぜひ立ち止まって考えてほしいのだ。「自分にとって、本当に必要な物は何なのか」ということを——。


ほしい物を何でもほしがっているといつか大きな落とし穴に落ちる。いつまでも、

〝オレ流〟が見つからず、軸のない根無し草のような人生を送ることになるからだ。

偉そうに言っている私自身も、かつてはフラフラと根のない人生を送っていた。ブランド物に依存し、友人が外車を買うと聞けば、自分も負けじとローンを組んで買っていた。住まいだって、無理して新築のワンルームマンションに住んでいた。

しかし、借金がかさんでどうにも首がまわらなくなったとき、初めて真剣に考えたのだ。「自分にとって、本当に必要な物は何なのか」ということを。

とことん自分自身と向き合って、初めて自分にとって大切な物が見つかった。ブランド物や車などではなく、本当に心を満たしてくれる〝やりがいのあるライフワーク〟が私には必要だったのだ。

それが、私にとっては本の執筆や講演活動だった。本当に自分にとって大切な物がわかってからは、一八〇度生活を変えることができた。

一日も早く望む生活を手に入れるために、自分にとって必要のない物はすべて切り捨てていった。

飲み会につぎ込むお金や、ギャンブルの掛け金、それに高いマンションの家賃や、車の維持費。さらには、外食にかかる費用も徹底的に節約した。

たしかに、切り詰めた生活はきつかったが、本当に自分にとって必要な物がわかった私にとっては、それほど苦痛ではなかった。

いや、目標に向かって突っ走る過程は、むしろ充実感にあふれていたのだ。


だからあなたも、「何かがほしい」と思ったときには、いったん立ち止まって考えてみてほしい。それは、あなたにとって「本当に必要な物」なのか、ってことを。

もし、一ヶ月たってもどうしてもほしい物ならば、多少無理をしてでも購入してかまわない。なぜなら、それはあなたにとって、本当に必要な物だからだ。

必要のない物は、たいてい三日もすれば忘れてしまう。

いったん立ち止まって考える――。

「自分の軸」を見つけるためには、それはとても重要なことなのだ。

第二章

お金が貯まる習慣・貯まらない習慣

――日々の行動で「お金に好かれる人生」になれるかどうかが決まる

「良い習慣」その1
財布の中がきれいなのは当たり前と思っている

この章ではより具体的に、「お金が貯まる習慣」と「お金が貯まらない習慣」を紹介していく。ここで紹介されている「貯まる習慣」を身につけ、「貯まらない習慣」を改めれば、あなたは着実に「なぜかお金が貯まる人」になれるはずだ。

ここでひとつ質問。**あなたは「お金そのもの」を大切に扱っているだろうか？** お金そのものとは、硬貨や紙幣、そう野口英世や福沢諭吉さんのこと。
私の知人で活躍している人たちの多くは、お金そのものを大切にしている。
「お金そのもの」を大切にしていることのひとつの証《あかし》となるのが、「財布の中がきれいかどうか」だ。

お金が貯まる人はみんな、財布の中身がきれいに整理整頓されている。

お札の方向がキッチリとそろえられていて、小銭はジャラジャラ溜めすぎずに、しっかりひとつの場所にまとめられている。1円といえども粗末に扱っていない。余計なものが入っていないので、見た目もすっきりスマートだ。

財布の中身がきれいということは、「今、自分がいくら持っているのか」ということを常にハッキリと自覚しているということ。領収書やレシートがないのも、マメにマネーレコーディング（176ページ以降参照）をしていたり、経費を精算したりしている証拠だ。

あなたの今の財布の中身はどうだろうか。

紙幣は同じ方向どころか、折れ曲がった状態。小銭は溜まりすぎて、今にも財布がはち切れそう。

おまけに、いつ使ったのかも忘れてしまった領収書やレシートが山のように入っている。当然、見た目はパンパンに膨らんでいる……なんて状態ではないだろうか。

また、財布を膨らませる原因には、ポイントカードもある。

ポイントを上手に貯めて、節約することはたしかにいい心がけだ。

でも、実際は一、二回使ったきりでそのまま財布の中に入れっぱなしというカードが結構多いのではないだろうか。

ポイントカードは本当によく使うものだけを財布に入れる。またはポイントカードを携帯用の名刺フォルダにまとめておく。そうすることで、買い物をする先を限定できるし、それが結果的にポイントやマイレージを効率よく貯めることになるはずだ。


財布の中が汚いということは、所持金をまったく把握していないということだ。

いくら持っているかわからないから、何にどれだけお金を使ったのかわからないのだ。

これでは、お金が貯まるわけがない。

財布を開いてみて、「あれ？　ここに1万円が入っていたはずなんだけどなあ……」なんてことは日常茶飯事。

お金がなければ、またATMでおろすだけ。銀行にお金がなくなれば、「借金大魔王」

時代の私のように、クレジットカードでリボ払い、ついにはキャッシング……ということになってしまうかもしれない。

当然、マネーレコーディングなんてしているはずもない。レシートと領収書はただのゴミと化している。

その一方で、**お金が貯まる人の財布は、当然中身だけでなく財布の見た目もきれいだ。**

何も高級ブランドの財布を持っているという意味ではない。

私の持っている財布は、何の変哲もないノーブランドの財布だ。

でも、私はその財布をもう十年近く使い続けているが、他人から見たら十年近く使っているとはわからないくらいピカピカに輝いている。

「お金そのもの」を大切に扱うということは、そのお金を入れる器《うつわ》も大切に扱うということだ。

私は、財布をレシートや小銭などでパンパンに膨らませたりはしない。そうすることで、財布自体の消耗を抑えることができる。

また、家に帰ってからも、財布を粗雑に扱わない。好き勝手な場所に放り投げておくのではなく、いつも所定の位置に大切に保管している。

小さな心がけの積み重ねで、財布のきれいさをキープしているのだ。

あなたの財布は、擦り切れてボロボロなんていうことになってはいないだろうか。

実は、私も「借金大魔王」の頃は、ボロボロの財布を持っていた。

家に帰ったら、財布をそのへんに放り投げて、出かけるときに「あれ、どこに置いたっけ？」といつも慌《あわ》ててばかり。それどころか、財布を持って出かけること自体を忘れてしまうことさえあった。

財布の中身をきれいに保つ。

財布を粗雑に扱わない。家の中での置き場所を決める。

この習慣は、お金の貯まる体質づくりへの初めの一歩だ。

「良い習慣」その2
靴の手入れが行き届いている

お金の貯まる人は足元がきれいだ。

つまり、靴をいつもピカピカに磨いている。

国内トップクラスの某コンサルティング会社のコンサルタントと初めて会ったときのことだ。

そのコンサルタントは名刺交換をした直後にまず、私の足元を見てこう言った。

「田口さんはとても丁寧に靴を扱っていますね」

実は私は昔から、いい靴を探して買うのが趣味だ。

「借金大魔王」時代は、むやみにブランドの靴を買いあさっていて、靴箱に靴が入りきらず、玄関は足の踏み場もないぐらいだった。もちろん、今はその悪い習慣を改めて、必要のない靴はすべてネットオークションで売り払い、今は本当に気に入った数足の靴だけを所有している。

私はそんな過去の自分を思い出し、少し照れながら「靴が好きなので大切に磨いているだけです」と答えた。

するとは、コンサルタントはこう続けた。

「一流の経営者、エグゼクティブと言われる人達はみんな、いつも靴をきれいにしています。だから、私は初対面のときにまず、相手の足元を見るようにしているんです。これだけで、田口さんが仕事のできる人、信頼できる人だということがわかります」

エグゼクティブはみんな靴の手入れが行き届いている？

私はコンサルタントにその理由を聞いてみた。

するとコンサルタントは、**人の足元は「どれだけ気配りができるか」「どれだけ心に**

余裕があるか」のバロメーターなのだと言う。

髪型をビシッと決めたり、仕立てのいいスーツを着たり、いい時計を身につけたり、ブランドのカバンを持ったり……それは誰にでもできること。

でも、足元まで気配りができる人はなかなか少ないという。足元はなかなか人の目に付きにくいところなので、「ま、いっか」と手を抜かれがちなのだ。

したがって、人の目に付かない靴まで手入れができるということは、それだけ気配りができる、心に余裕がある人ということになる。

だから、成功している経営者やエグゼクティブは、足元の身だしなみもしっかりと整えられているというのだ。

では、あなたの足元はどうだろうか。

ちょっとの汚れは気にせずそのまま履いている。それどころか、靴のかかとが擦り切れて、ボロボロになってはいないだろうか。

私は、**靴の手入れを行き届かせるということは、「お金の貯まる習慣」にもつながる**と思っている。

お金を貯めるためにも、「気配り」と「心の余裕」が必要だからだ。

適切な物だけにお金を使うためには、本当に必要な物を見極めるための「気配り」が必要だ。また、周囲に流されずにお金を使うためには、お金に振り回されない「心の余裕」も必要になってくる。

だから靴をきれいにしている人はお金を適切に使う能力を持っている人だと言えるのだ。

この習慣を逆説的に応用してみよう。

つまり、お金が貯まらない人は、まずは形から入ってみるのだ。

今日から毎日、靴を磨いてみる。擦り切れているかかとは修理に出す。

靴磨きなど、毎日三分もあればできることだ。

靴を磨いているうちに、「気配り」と「心の余裕」がだんだん身についてくる。

また、**靴をきれいにしているだけで、仕事のできる人にも思われる。**

私が出会ったコンサルタントのように「靴をきれいにしている人＝仕事のできる人」と考えている人が意外と多いからだ。

靴をきれいにしているだけで、第一印象が格段にアップする。その結果として仕事をスムーズに進めることができるようになる。

靴を磨くことは、自分に「人生が変わる」魔法の呪文をかけることなのかもしれない。

「良い習慣」その3
お金がなくても「お金がない」と言わない

あなたはついつい「お金がない」が口グセになってはいないだろうか。

例えば、久しぶりに大学時代のサークル仲間から飲み会に誘われたとする。しかし今月の手持ちは残りわずか。「行きたいけれど『お金がない』から行けない」とお金のないことを理由に断ってしまう。

あるいは、気に入った洋服を街で見つけたとする。でもやっぱり手持ちがない。「ほしいけれど『お金がない』から買えない」とあきらめてしまう。

とにかく、何に対しても、すぐに「お金がない」とあきらめてしまう。

「借金大魔王」時代の私のように、本当にお金がないのに誘われた飲み会にはすべて参加したり、店員さんからすすめられるままに洋服を買ったりするのは論外だが、「お金がない」ことを理由に何もかもあきらめてしまうのも問題だ。

もし「お金がない」が口癖になっているとしたら、今すぐ改めてほしい。

「お金がない」が口グセの人は、決してお金を貯められない。

さっきの「靴を磨くこと」が自分に魔法の呪文をかけることだとすれば、「お金がない」は自分に対する恐ろしい呪いの言葉だ。

「お金がない」という言葉は、今そこにあるはずの楽しみや希望をすべて奪い取っていく。

「お金がない」という言葉は、自分の人生に対する言い訳以外の何物でもない。

お金の貯まる人は、「お金がない」という言葉は絶対に口にしない。

言葉を口にしないどころか、「お金がない」と考えたことすらない。

「お金がある人が『お金がない』と思わないのは当たり前でしょ！」

あなたはそう思うかもしれない。

でも、これは実際に持っているお金の金額とはまったく関係のない話なのだ。

私はよく拙著や講演などで、「お金のストレスフリー」という言葉を口にする。これは文字通り、「お金に対してのストレスを感じない状態」のことを示している。

しかしこれは何も、経済的独立（資産だけで生活できる状態）を果たした人だけが与えられるというものではない。自分の今の給与に合ったお金の使い方のできる人は、みんな「お金のストレスフリー」の状態にあると私は思っている。

あなたの会社の同僚のことを考えてみてほしい。

役職がなければ、みな似たり寄ったりの給与だろう。それなのに、「お金がない」と常に口にしている人と、そうでない人がいることがわかるはずだ。

本当に「お金がない」わけではない。それを言い訳にしているだけなのだ。

自分の身の丈に合ったお金の使い方のできる人は、「お金がない」とは考えない。

例えば、ほしい物に出会ったのに、買えるお金がなかったとする。

「お金のストレスフリー」の状態にある人は、

「お金が貯まるまで待とう」

と冷静に考えることができるのだ。

浪費をせず、お金を常に適切に使うことができるから、お金も自然に貯まっていく。

「お金がない」という言い訳をしない人だけが、お金を貯めることができるのだ。


「我々の欲望と、我々の能力の不均衡にこそ、我々の不幸は存在する」

と言ったのは哲学者のルソーだ。

この言葉は、お金の真理も言い当てている。**「買いたい」という欲望をコントロールできる人だけが、お金を貯めることができるのだ。**

本当に「お金がない」状態なんて、月々の給与をちゃんともらっている会社員にとっては、そうそう起こりえない話だと思う。

あなたは「お金がない」のではなくて、自分の身の丈に合わない欲望を持っているだけなのかもしれない。

本当にほしい物、必要な物を選べる力を身につけていこう。

「良い習慣」その4
できる範囲で他人のためにお金を使える

本当の意味でお金に好かれるためには、お金を貯めるだけでなく、ときには他人のために使うことも必要だ。

お金も心も満たされている人は、贈り物が好きな人が多いと思う。

例えば、私の友人にこんな人がいる。

どこかに旅行をする度に、旅先から名産品を送ってきてくれるのだ。北海道に旅行したらトウモロコシ、四国に旅行したら讃岐うどん、沖縄に旅行したら泡盛……。今まで彼から、数えきれないほどのおみやげをいただいている。

贈り物などに象徴されるように、**「他人のためにお金を使う」ということは、お金で「気持ち」を表現することだ。**

私は名産品をもらうたびに、物そのもののうれしさより、彼の「気持ち」の温かさを強く受け取っている。

「遠く離れた旅先からでも、いつも私のことを忘れずに思ってくれているのだ」という気持ちを何よりもうれしく感じているのだ。

「愛はお金で買えない」というが、お金で伝えられる愛情もあると思う。

相手に贈り物をするということは、愛情表現のひとつだと思う。

ただし、間違ってほしくないのは、あくまで自分の「できる範囲内」でお金を使うということ。

お金もないのに、いい格好をして後輩におごりまくったりするのは、身の丈に合わない浪費以外の何物でもない。かく言う、昔の私がそうであったのだが……。

「できる範囲内」というのは、もっと身近なところにたくさんあるはずだ。

ボーナスで親にプレゼントをしてみる。

小銭を募金してみる。

甥っ子や姪《めい》っ子にお年玉をあげる。

格好をつけすぎるのは良くないが、たまには会社の後輩にランチをおごってあげるのもいいと思う。

あなたがお金を使った相手は、必ずあなたの「気持ち」を受け取ってくれるはずだ。

「金は天下の回り物」と言われるように、今のあなたのお金は、どこかの誰かからめぐりめぐってきたもの。

そのことに感謝して、ときには、お金を「天下」に戻してあげることも必要だ。

「気持ち」を込めて誰かに使ったお金は、きっと何年後かに、あなたの元に何倍にもなって戻ってくるはずだ。

「良い習慣」その5
大きいお金を使うことに慣れている

自分が本当に必要だと思う物にはしっかりとお金をかけて、不必要だと思う物には決してお金を使わない――。

シンプルではあるが、これがお金を貯めるための大原則だ。

お金を貯められる人は、この大原則に加えて、こんないい習慣を持っている。

それは、**「大きなお金を使うことに慣れている」**ということだ。

大きなお金を扱うことには、「責任」と「決断力」が伴う。

仕事の世界のことを考えてみてほしい。

例えば、何百万、何千万単位のお金が動くプロジェクトがあったとする。

その仕事の責任者は会社に大きな利益をもたらしているが、もし失敗をすると、会社に大きな損害を与えてしまうことになる。

プレッシャーの中で、その責任者はお金の大切さと恐ろしさを学んでいく。

大きなお金を扱うことに慣れている人は、お金を決して粗雑には扱わないのだ。

あなたは「何百万のお金を動かす仕事なんて、私には全然関係のない世界」と思うかもしれない。

しかしこれは、何も仕事の世界に限ったことではない。大きなお金を使う経験は仕事でなくたってできる。


例えば、資格取得の学校に通う費用に20万円使ってみる。

もっと身近なところであれば、ヨーロッパ旅行に30万円使ってみる経験だっていい。

「自分が本当に必要だ」と思える経験に、大きなお金を使ってみてほしい。


せっかく貯めたお金を何かに使ってしまうのは、一時的に考えると大きなロスのように見える。

でも、その経験は、必ず「お金が貯まる体質」へと、あなたを変えてくれる。

「良い習慣」その6
虫歯がないようにしている

お金の貯まる人には「虫歯」がない。

何度も言うが、お金を貯められる人ということは、自己管理ができているということ。

歯磨きも、歯のメンテナンスも欠かさないので、虫歯がないのだ。


以前、かかりつけの歯医者に行ったときのことだ。

その歯科医は、私の虫歯を治療しながらこう言った。

「田口さん、三十歳をすぎてから虫歯ができるなんて、人としてダメだよ」

なぜ虫歯があると、「人として」ダメなのか。

それは、**虫歯があるということは自己管理ができていないことの表れだからだ。**

現代は、歯ブラシも歯磨き粉もとても高品質なので、毎日きちんと食後に歯磨きさえしていれば、まず虫歯になることはないと思う。でも面倒くさいから、ついつい歯を磨くのをサボってしまう……。だから虫歯になってしまうのだ。

虫歯になるということは、自己管理をせず、惰性のままに生きているということ。

私は歯医者に行くことで、そのことに気が付くことができた。

あなたには虫歯がないだろうか。

もし虫歯ができていて「最近、冷たいものを食べると歯がしみるなあ。でも」と思いながらも、治療の面倒くささから歯医者に行くことを先延ばしにしてはいないだろうか。

子どもや学生のうちならまだいい。

でも、三十歳を過ぎたいい大人になって虫歯があるということは、かなりのダメ人間だ。

極端なことを言うようだが、「虫歯をつくること」と「借金をつくること」は同じだ。

歯を磨かずに好きなものを食べ、歯が痛むのに歯医者にも行かない。だから、虫歯はどんどん悪化していく。

それと同じように、好きなように買い物をして、お金がなくなるとリボ払いやクレジットカードでキャッシング。借金は雪だるま式に膨れ上がっていく。

久しく歯医者に行っていないという人は、ぜひ歯科医に行ってみてほしい。

もし虫歯が見つかったら、全部を徹底的に治療してもらう。

私も歯科医に「人としてダメだね」と言われたのを機会に、虫歯は大きいものから小さなものまですべて治療してもらった。それ以来、一本も虫歯になっていない。

今では、毎食後の歯磨きだけでなく、三ヶ月に一度は歯科医に行くようにしている。

それは、虫歯を治すためではなく、歯のメンテナンスをするためだ。

歯石などの汚れを取って、歯をクリーニングする。

虫歯予防にもなるし、歯が元気にもなる。年を取ると、虫歯ばかりでなく、歯周病なんて怖い病気もあるが、私には無縁の話だ。


私の知人の起業家たちは、虫歯がないばかりでなく、みなきれいな歯をしている。

彼らもみな、定期的に歯のメンテナンスをしているのだと思う。

白いきれいな歯をしていると、その人自体の印象も良くなる。印象を良くすることは、ビジネスを円滑に進めるためにも必要なことだ。


食後に歯磨きをする。

歯医者で定期的にメンテナンスをする。

ごく当たり前の生活習慣の改善で健康が手に入ることはもちろん、この意識が、「お金が貯まる人格」をつくり上げていくのだ。

「良い習慣」その7
経費精算をマメにしている

自分のお金をしっかり管理できる人は、当然仕事のお金もしっかり管理できる。

仕事のお金で代表的なものといえば「経費精算」。

あなたは経費を溜め込んで、経理にいつも怒られているようなタイプではないだろうか。

経費すら管理できない人が、自分のお金を管理できるはずがない。

たかが経費と思うかもしれない。

でも、経費を溜め込んでしまうことの弊害は山のようにある。

まずは何より、自分の所持金がどれだけあるのかがわからなくなってしまう。当然のことながら、経費精算が滞れば滞るほど立替金が積み重なっていく。

もはや自分がどれだけ、立て替えているのかもわからない状態だ。

また、経費を溜め込んでいるうちに、領収書をなくしてしまうことだってある。会社のために立て替えたお金なのに、自腹を切るなんて泣くに泣けない。

あまりにも経費を溜め込んでいて、財布が領収書でパンパンに膨らんでいるような人は、領収書をなくしてしまったことにさえ気が付かないかもしれない。

経費を溜め込んでいると、立替金が戻ってきたときにもまた問題が起こる。

あまりにも長い時間立て替えていたので、お金が戻ってきたときに「自分のお金」という自覚がすっかりなくなってしまうからだ。

口座にお金が振り込まれているのを見て、まるで臨時ボーナスのように感じてしまい、「よし、今日はパーッと飲みに行こう！」なんて元も子もないことになってしまう。

私も経費精算ではないが、半年に一度支給される交通費を、まるで臨時ボーナスのように感じて浪費していた。交通費は毎日必要な経費のはずなのに……。

経費精算をマメにすることは、お金が貯まる体質に変わるための必要最低限の習慣だということを覚えておこう。

「良い習慣」その8
テレビから必要な情報だけを得ている

テレビは便利であるとともに、「時間泥棒」でもある。

あなたはこんなことが習慣化していないだろうか。


時計は午後八時すぎ。

会社から帰ってきたあなたは、当たり前のようにテレビのスイッチをつける。テレビの音をBGM代わりにしながらスーツを着替え、テレビの前に座り込み、買ってきたコンビニ弁当を食べはじめる。

テレビから流れているのはバラエティ番組。画面を見ながら、「このタレント嫌いなんだよなあ」と文句をつけながらもダラダラとテレビを見続けている。


時計は午後十一時すぎ。

テレビからは相変わらず、代わり映えのしないバラエティ番組が流れている。

時計を見て、「そろそろお風呂に入らないと」とつぶやくあなた。でも、まだテレビの前から動き出す気配はない。

時計はついに午前〇時すぎ。

さすがにテレビの前から立ち上がり、「ああ、くだらない番組を見ちゃった」と少し自己嫌悪に陥るあなた。


午後八時すぎから、午前〇時すぎまで。

もしこれがあなたの生活だったとすると、毎日四時間近くもの時間をテレビに費やしていることになる。

テレビは「時間泥棒」だ。

何気なくテレビの前に座るだけで、驚くほどのスピードで時間を奪っていく。

それが自分にとって意味のある番組なら問題はないのだが、どうでもいいバラエティ番組をダラダラ見続けているとしたら、時間の浪費以外の何物でもない。

一日四時間の時間を、何か別のことに使っていたとしたら――。

資格取得のための勉強、話題のビジネス本を読むなど、もっと人生に、プラスに働く何かができたはずだ。

お金を貯められる人は、テレビが時間泥棒であることをよく知っている。

だから、決してテレビをつけっぱなしにはしない。自分に必要な番組だけを見るようにしている。

かつては私も、深夜番組をダラダラ見て過ごす口だった。でも今は、見たい番組だけを録画し、必要なときにだけテレビをつけて見るようにしている。

お金を貯めるために必要なのは、「自分に必要なことを見極める能力」だとこれまで書いてきた。

必要な物だけにお金を使い、不必要な物にはお金を使わない。シンプルだが、このことがしっかりとできるからお金が貯まっていく。

テレビを見るときも同じだ。

自分に必要な番組だけを見て、不必要な物は見ないようにしよう。


現代は情報化社会だ。

インターネットの発達で身のまわりには常に情報があふれている。テレビに限らず、ユーチューブも、ツイッターも、フェイスブックも……。便利な世の中ではあるが、情報の洪水に流されないための「情報リテラシー」なるものが各自に求められている。

この「情報リテラシー」を磨けば、自ずと「マネーリテラシー」も磨かれていくだろう。

「良い習慣」その9
食事を大切にしている

突然だが、城田祐一さん（仮名・二十六歳）のある一日の食生活を紹介してみたいと思う。


職業はITエンジニア。

ここ数日の夜遅くまでの残業続きで、朝起きるのが辛い。ギリギリまで寝ていたいので、朝食抜き。

ランチタイムまで、空腹をまぎらわすために、缶コーヒーをがぶ飲み。ようやくお昼になると、大好きなマクドナルドのチーズバーガーセットを食べる。

夕食は「牛丼、今だけ250円！」という看板に惹《ひ》かれ、家の近所の牛丼屋へ。

帰りにコンビニで発泡酒と枝豆を買い、テレビを見ながらチビチビとやってから眠りにつく……。

自炊率0%。毎日毎日、コンビニやファストフードでの食事ばかり。

あなたは、祐一さんのような生活を送ってはいないだろうか。

祐一さんのような生活を続けていると、「そのうち生活習慣病になりますよ」ということが医者でなくても予測できると思う。


お金を稼ぐためには、何と言っても体が資本。

その体の健康を維持してくれるのが食生活だ。お金が貯まる人は食事をとても大切にしている。


健康だからこそ、仕事を頑張れるし、お金を貯められる。

病気になったら、せっかく貯めたお金も治療費であっという間に消えてしまうだろう。

それどころか、仕事を続けられない体になることだってあるかもしれない。

実は私も、昔はそれはそれはひどい食生活だった。

自炊率0％で、当然、毎日朝食は抜き。

昼食は毎日ファストフードだし、おまけに焼肉が大好き。

夕食は焼肉にビールを浴びるように飲んで、さらにキャバクラで深酒するなんてことが日常茶飯事だった。

おまけに、コンビニのスナック菓子も大好物。ジャンキー一色の生活からどんどん太り続け、入社前は60キロ程度だった体重が、会社を辞める前には90キロ近くにまでに膨れ上がってしまっていた。

あのままの生活を続けていたら、間違いなく生活習慣病を引き起こしていただろう。

でも「お金を貯めよう」と決意したときから、私の食生活は変わった。

外食はやめて、家で自炊をはじめた。

さすがに一から料理をつくることはしなかったが、ご飯だけ炊いて、あとはスーパーで野菜中心の惣菜を買ってくるようにした。

そうすると、ダイエットをしていたせいもあるが、体重がすぐに落ちてきた。それに加えて、肩凝りや腰痛などもなくなり、体の調子もすこぶる良くなった。
おまけに、私はスーパーの惣菜を、割引される時間に買い物に行っていたので、お金もどんどん貯まるようになってきた。

健康になって、お金も貯まる。食生活を改善することは、いいこと尽くめだ。

「野菜中心の生活だなんて、なんだか貧乏臭いし、何の面白みもない」

あなたは、こう反論するかもしれない。
でもこれは、今四十歳をすぎた私から、若い皆さんへのメッセージでもある。
健康でいるということは、実はとても難しいことだ。

かつての私がそうであったように、若い頃というのは健康に関して無頓着だ。どんなに無茶をしても、ずっと健康でいられると思っている。

でも、若い頃の不摂生が、四十歳を間近にしたあたりから着実に体に表れてくるようになる。そうなってからでは遅いのだ。

別にベジタリアンになれというのではない。焼肉を食べてもいいし、お酒も飲んだっていい。でも、「適切な量」というものを意識してもらえたらと思う。

長い人生を楽しく生きるために、その資本となるのが健康な体なのだから。

「良い習慣」その10
朝の活動を楽しんでいる

私は毎朝、夜明けとともに起きるようにしている。

朝日で外が白みはじめた頃、それが私の一日のはじまりだ。夏なら午前四時頃、冬なら午前六時頃だと思う。

「借金大魔王」から抜け出した私自身もそうだが、**お金を貯められる人は総じて早起きだ。**

夜は早く寝て、その分早起きをするという人が断然多い。

「早寝早起き」は自己管理の基本だ。

時間をコントロールできる人は当然、お金の管理もしっかりとできる。

「なぜ早起きをしているのか」って？

その理由はとてもシンプル。夜に比べて朝のほうが、圧倒的に頭がよく働くからだ。朝に使う三十分は、夜に使う二時間よりも密度が濃いと思う。非常に効率良く、作業や物事を行うことができる。

それは、まだ疲れていないクリアな頭で物事を考えられるからだと思う。

私は、著作についてなど、クリエイティブな作業を行うのには、朝一番の時間をもっぱら充てるようにしている（この原稿も朝五時に執筆をしている）。

また、メールのチェックも、朝にすることにしている。

逆に、夜は絶対にメールを見ない。なぜかというと、夜にメールを開けると、ネットサーフィンなど本来の仕事以外のことをしてしまう恐れがあるからだ。

夜は何かと誘惑の多い時間だ。

日中仕事をしてすでに頭が疲れている状態で、作業を続けなくてはならない。

夜の頭というのは、常に「疲れた」「もうやめたい」と思っているので、常に休憩のための理由を探している。

インターネットでもはじめようものなら、「ちょっとだけユーチューブ」「ちょっとだけ通販サイト」などと、ついつい楽なほうに流されてしまうのだ。

その点、朝の時間はいい。

まだ頭が疲れていないどころか冴えきっている状態なので、休憩したいなどとは思わない。朝起きて、すぐにネットサーフィンをしようなどと思う人など、どこにもいないのではないだろうか。

朝は、自分のエネルギーが一番満ちあふれている時間だ。

この時間を利用しない手はないと思う。

たしかに、早起きをするのは結構辛い。

特に冬などは、寒すぎてなかなか布団から抜け出せないかもしれない。

そういう人は、慣れるまでは、友達同士でモーニングコールをし合うというのはどうだろう。

もしくは、「朝活」を利用してみるのも手だ。

最近は、会社の始業前の時間帯にさまざまな活動が行われている。ヨガやジョギングなどの運動もあるし、セミナーやカルチャー教室まで開催されている。

これらも早起きのモチベーション維持に有効だと思う。

朝の時間を大切にして、大いに毎朝を充実させ、楽しんでみてほしい。

「悪い習慣」その1
週に何度もATMでお金をおろしている

ある女性の一週間をのぞいてみたいと思う。

建設会社の事務職をしている、大島優香さん（二十八歳・仮名）。

独身で彼氏なしの婚活中。両親と一緒に暮らしているが、家にお金を入れていないので、給与は100％自分の自由になる。

○月曜日
今日は給料日。

お昼休みに、会社のそばの銀行のＡＴＭに３万円をおろしに行く。

就業後は早々に退社して、百貨店へ。前々からほしかったワンピース（１万円）を購入するつもりだ。

お目当ての品を購入した後は、大好きな化粧品コーナーへ。買うつもりはなかっ

たのだが、1万2000円もする美容液を衝動買いしてしまう。「結局、2万2000円も使っちゃった。でも、給料日だからいいよね」と優香はごきげんだ。

○火曜日

昨日、散財をしてしまったので、「今日から節約しよう！」と心を引き締める優香。でも、同期の明美からの夕食の誘いを断れず、結局フレンチを食べに行くことに。7000円の出費。

財布の中身を見ると、昨日三人もいたはずの〝福沢諭吉〟さんがもういない。仕方なく、家の近くのコンビニのATMで5000円をおろす。

○水曜日

節約のために、自宅からお弁当を持参する優香。

でもそういえば、今日は小原部長の送別会。幹事が会費を徴収にやってくる。会費は一人4000円。「プレゼント代込みだとはいっても、ちょっと高すぎなんじゃない？」とブツブツ言いながら会費を支払う。財布の中身を見ると、もう2000円しか残っていない。「週末まではこれで乗り切るぞ！」と誓う。

○木曜日

昨日から超節約生活を続けている優香。

寝坊してお弁当がつくれなかったため、昼食はコンビニのサンドイッチとインスタントコーヒーで済ます。財布の中身は残り1500円だ。

○金曜日

長かった一週間もようやく終わり。

「一週間、頑張った自分にごほうび！」と、同期の明美を誘って、イタリアンを食べに行くことに。しかし財布に1500円しかないことに気づき、さっそくコンビニのATMにお金をおろしに行く。

……とこんな具合の一週間だ。

注目してほしいのは、優香さんがＡＴＭでお金をおろした回数。一週間に三度もＡＴＭに行っている。

ＡＴＭで頻繁にお金をおろすのは、お金が貯まらない人の典型的なパターンだ。

優香さんは今週だけで３万５０００円近く使ってしまっている。

その行動だけでも大いに問題があるのだが、何より問題なのが、それだけのお金を一週間で使っていることの「自覚がない」ということだ。

ＡＴＭで頻繁にお金をおろしていると、「自分がどれだけ使っているか」という感覚がマヒしてしまう。

こうなると、ついに残高がなくなってしまうまで、お金を使ってしまうことになる。

給料日には、必要な分だけのお金を引き出して、あとはもういっさい、ＡＴＭからお金を引き出さないようにする。シンプルだが、これが一番お金の貯まる方法だ。

私はお金を貯めているとき、給料日に、一ヶ月分の生活費をまとめて引き出して、それを用途別に封筒に分けて使うようにしていた。

食費、光熱費、通信費、交際費……封筒に名前を書いて、必要なときにその封筒からお金を出して使う。

そうすると、今までにお金をどれだけ使ったか、どれだけ残っているかが一目瞭然でわかるようになった。

コンビニＡＴＭなどが発達し、二十四時間三百六十五日、いつでも、どこでも簡単にお金がおろせる世の中になった。

便利な時代ではあるが、でもそれは同時に、いつでも、どこでもお金が使える世の中になったことも意味しているから注意してほしい。

「悪い習慣」その2
自分が悪くなくても謝ってしまう

「お金がない」と、もう一つ、お金を遠ざける口グセがある。
あなたは「すみません」が口グセになってはいないだろうか。
以下の項目がどれだけ当てはまるかチェックしてみてほしい。

□ 得意先を訪れたとき、「こんにちは」の代わりに「すみません」と言ってしまう
□ 電話で話すとき「もしもし」の代わりに「すみません」と言うのが口グセになっている
□ 得意先を去るとき、「失礼しました」の代わりに「すみませんでした」と言っている
□ 人にぶつかったとき、自分が悪いかどうかを考えず、すぐに「すみません」と口に出してしまう
□ 人に何かをしてもらったとき「ありがとう」の代わりに「すみません」と言ってし

まう

□上司に呼び出されたとき、理由はよくわからないがとにかく「すみません」と謝れば済むだろうと考えてしまう

一つでも当てはまる人は要注意。

すぐに「すみません」を口にする人は、お金がなかなか貯まらない。

なぜかというと、すぐに謝るという人は、いつも相手の気持ちばかりを考えているからだ。自分に自信がなくて、つい何に関しても謝ってしまう。

相手の気持ちを考えるということは一瞬いいことのように思えるが、「すみません」を連呼することは相手を思いやることでも何でもない。「とりあえず謝ってしまえ」と、相手にゆだねることで、自分は思考停止をしている無責任以外の何物でもない。

「すみません」を大安売りする人は、相手に流されやすい人。当然、流されやすく自分を持っていないそんな人にお金が貯まるわけがない。

相手に流されている状態というのは、自慢じゃないが「借金大魔王」時代の私のような状態だ。

飲み会やギャンブルに誘われると断れないから、ズルズルとお金を浪費してしまう。今が楽しければそれでいい、流されるままの浮草のような人生だ。

「すみません」が口グセになっている人は、「すみません」と言う前に、それが本当にすまないことなのかを考えてみてほしい。

「すみません」より「こんにちは」と言ったほうが、「すみません」より「ありがとう」と言うほうが、自分も相手も気持ちがいいに決まっている。

言い換えが可能な言葉は、すべて本来の意味に言い直して言うようにしてほしい。

また、本来の「すみません」の意味で使うときも、今一度本当に「すみません」なのかを考えてから使うようにしてほしい。

もちろん自分が悪かったときに、「すみません」と潔く謝る姿勢は大切だ。

でも、熟考してみて、自分に非がない場合には、自分が悪くないことを説明することからはじめてもいいと思う。

話し合うことができれば、ひとつのミスや誤解がより相互の関係を深めるきっかけとなってくれるかもしれない。


言霊という言葉があるように、言葉を口に出すことで自分がその言葉に縛られるようになる。「すみません」という言葉をいつも連呼している人は、常にネガティブな発想ばかりしてしまうようになるだろう。

これからは、ネガティブな言葉は極力口にしないようにする。

その代わり、**できるだけ多くのポジティブな言葉を口にすることにしてみよう。**

たったそれだけで、不思議と自分そのものをポジティブな方向に変えていくことができるようになる。言葉というのはそういうものだ。

「悪い習慣」その3
いつも残業をしがちである

「ここのところ残業続きでさあ。いやあ、忙しいのなんのって……」

「オレも昨日なんか終電帰りだよ」

「終わりそうにもないよなあ。今週末は休日出勤になるかも」


あなたのまわりには、こんなふうに「残業自慢」をしている人はいないだろうか。

いつも残業をしがちな人も、お金が貯まらない典型のタイプだ。


ますます厳しい様相を見せている日本経済。

残業をしてもろくに残業代がつかないという企業が多いと思う。

頑張って残業をしても、お金が稼げるわけではなく、溜まっていくのは疲労とストレスだけという状態だ。

あなたは、自分の労働力を「時給」換算してみたことはあるだろうか。

「計算をしてみたことがない」という人はぜひ一度、計算をしてみてほしい。

例えば、あなたの給与が月25万円だったとする。

土日休みで月二十三日勤務だとすると一日あたりの給与は、

250000円÷23日＝約10870円

さらに、これを時給換算すると、

10870円÷8時間＝約1360円

という計算になる。

この「時給」は、あなたがサービス残業をすればするほど、当然のことだが落ちてくる。

例えば、毎日五時間平均で残業をしたとする。

１０８７０円 ÷ 13時間 ＝ 約８４０円

なんと８００円台にまで時給が下がってしまう。この時給だと、アルバイトの学生のほうがましなぐらいかもしれない。

残業をするということは、自分の仕事人としての価値を下げてしまうことなのだ。

もちろん、忙しくてどうしても残業をしなくてはいけないことはあると思う。

でも、残業をすることが当たり前になっている人であればあるほど、ダラダラと残業をしていることが多いように思う。

日中は仕事に集中せずに、夕方から頑張りはじめる。
残業している雰囲気だけで、実は同僚と話している時間のほうが多い。
明日でもいい仕事だが、まわりがみんな残業しているから帰りにくくて残っている。

あなたは、こんな形でダラダラと残業を続けてはいないだろうか。
「タイム・イズ・マネー」だ。
時間を浪費している人は、お金も決して貯まらない。
自己管理がまったくできていないからだ。

残業を最小限に抑えて、もっと他のことにその時間を使うべきだ。本を読んだり、資格を取るための勉強をしたり、大切な人と過ごしたり……。
「ワークライフバランス」という言葉があるが、仕事ばかりをするのでなく、プライベートの時間を充実させることが、結果的に次のいい仕事につながっていくと考えてみよう。

「悪い習慣」その4
使いかけの調味料がいくつもある

どこの家庭にもある冷蔵庫。

あなたの家にある冷蔵庫はきちんと整理整頓されているだろうか。

実は冷蔵庫の中身が汚い人も、お金が貯まらない人だから要注意だ。


「それなら大丈夫！　だってほとんど自炊はしないし」


あなたは自慢げにそう言うかもしれない。そもそも自炊しないこと自体が問題なのだが……。でも、とにかく家の冷蔵庫を一度開いてみてほしい。

ほとんど自炊をしないという人でも、実は結構、冷蔵庫の中に物が入っているはずだ。

その中にはいつ買ったのか記憶にない調味料が何本も入ってはいないだろうか。中にはすっかり乾いてしまったり、あやしい油が浮いていたりするものまであるかもしれない。

または、使いかけの「ドレッシング」が三本、「めんつゆ」が二本、「ソース」が三本……と、同じ種類の調味料が複数入っている。

つい切らしていると思って新しいものを買ってきてしまい、いつのまにか本数が増えてしまった。

おまけに、冷蔵庫の中扉には、惣菜などについている小さい袋に入った調味料がバラバラになって入っている。

おでんを買ったときにもらった「洋からし」、刺身を買ったときについてきた「わさび」や「しょうゆ」……。もったいないので取っておいたが、いったいどんなタイミングで使ったらいいのかさえわからなくなってしまっている。

「冷蔵庫に使いかけの調味料がいくつも入っている」というのは、ムダ使いの象徴。

自分のお金を管理できないから、冷蔵庫の中身も管理できない。

ドレッシング、めんつゆ、マヨネーズ、ソース、惣菜についてくる調味料などは、ほとんど自炊をしない人でも冷蔵庫の中に入っているはずだ。

しかも、ほとんど自炊しない人であればあるほど、「切らしている」と思って、同じ調味料を買ってしまう可能性が高いかもしれない。

冷蔵庫が整理されていないということは、クローゼットの中身が整理されていないというのと一緒だ。

冷蔵庫に使いかけの調味料がいっぱい入っている人は、クローゼットの中も当然整理されていないはずだ。

きっと冷蔵庫が「使っていない調味料」でいっぱいになっているように、クローゼットの中が「着ていない洋服」でパンパンになっているだろう。

私は**「スペース・イズ・マネー」**だと思っている。

考えてみてほしい。あなたは、月々の家賃（持ち家の人は住宅ローン）を払ってその家に住んでいるはずだ。

その家賃をそれぞれのスペースに当てはめてみると、冷蔵庫の場所だって、クローゼットの場所だって、置いておくだけでお金がかかっている。

スペースが整理されていないということは、まさしくお金のムダ使いをしていることに他ならないのだ。

まず、冷蔵庫の中にある調味料を整理してみよう。

いつ買ったのかわからない調味料は思い切って捨てる。いつ使うかわからない、小さい袋に入った調味料も捨ててしまう。

そうすることで、新しいスペースが生まれ、お金を生み出すことができる。整理整頓を機会に、あなたは「自炊をしてみよう！」なんて考えるかもしれない。

洋服でパンパンになっているクローゼットも整理する。

時代遅れになった洋服や、サイズの合わない洋服は思い切って捨ててしまおう。

今までクローゼットの奥に入って気が付かなかったが、一度ぐらいしか着ていないほぼ新品の〝掘り出し物〟が見つかるかもしれない。そんな物をネットオークションに出したら、意外といい値がついた、なんて「棚ぼたラッキー」があるかもしれない。

整理整頓は、新しいスペースを、新しい生活スタイルを生み出す。

場所を有効活用しないことは、お金のムダ使いであると心得てほしい。

「悪い習慣」その5 ランチでさえも即決できない

「パワーランチ」という言葉を聞いたことがあるだろうか。

打ち合わせを兼ねて、社外や取引先の人たちと会食をすることだ。


松山健一くん（二十六歳・独身・仮名）は、通信会社に勤める営業マン。お昼近くに訪れた取引先の畑中専務に誘われて、予期せず「パワーランチ」をすることになった。

レストランはとある中華料理店。取引先の専務が決めてくれた。

「ここで話がはずめば、大きな受注が受けられるかもしれない」と、健一くんは肩に力が入っている。いや、ちょっと力みすぎている。

ウェイターがメニューを持ってきた。

専務「松山さん、何を頼まれますか？」
健一「僕は何でもいいです。専務にお任せします」
専務「せっかくですから、お好きなものを頼んでください」
健一「あっ、はい」

メニューにはA～Cまでのコースメニューがずらりと並んでいる。松山はメニューを眺め、考え続けている。

かれこれ三分ぐらいの時間が経過している。まだ考え続けている健一くん。

健一「どうしましょう。やっぱり決めてください」

畑中専務は、優柔不断な健一くんにあきれ顔を向けている。

専務「わかりました……。（ウェイターに）では、Cコースを二つお願いします」

ウェイター「かしこまりました。メインは五つの中から選ぶことができますが、いかがいたしましょう」
専務「じゃあ、僕はホイコーローで。松山さんは？」
健一「どうしようかなあ。酢豚、いやチンジャオロースかな……」
　また、迷いはじめる健一くん。取引先はしびれを切らせはじめている。でも健一くん。そんなことにはまったく気が付かない。ウェイターも露骨に面倒くさそうな表情を浮かべている。
専務「どうされますか」
健一「あっ、じゃあ僕もホイコーローで」
　大きなため息をついている取引先の畑中専務。
　間違いなく、健一くんの「パワーランチ」は失敗に終わるだろう。

ランチですら即決できないということは、人生のすべてにおいて決断ができないということとほぼ同じ意味だ。

優柔不断は、自分にとって必要な物を見極められないということだ。必要な物がわからないから、決められないし、必要でない物にお金を無駄に使ってしまう。**優柔不断な人は、決してお金を貯めることができない。**

さっきのパワーランチのことを、もう一度考えてみよう。

パワーランチとは、取引先との打ち合わせをすることが目的だ。だから、酢豚でも、チンジャオロースでも、ホイコーローでも、何を食べたって本当はどうでもいいはずだ。その目的をちゃんと意識していれば、何を食べるかということより、取引先をイライラさせずに、素早く適当なものを頼むことが大切なことだとわかるだろう。

でも、それがわからないから、何を頼もうかで迷ってしまうのだ。

ちなみに、ランチを即決できない男性は女性にも嫌われる。

お目当ての女性をデートに誘うことに成功し、おしゃれなレストランを予約する。そこまでは準備万端だ。

でも、さっきのように「何のメニューにしようかなあ……」「君は何が食べたい？」などと優柔不断に迷ってしまったとする。間違いなく、あなたはその女性から「決断力のない男」と愛想をつかされてしまうだろう。

お金を貯めるにも、仕事の契約や彼女をゲットするにも、決断力が必要だ。

「悪い習慣」その6
店員に対して横柄な態度を取っている

優柔不断な態度も問題だが、横柄な態度というのも大いに問題だ。

自分に自信がないから、横柄な態度を取って、相手に対して自分を必要以上に偉く見せようとする。

他人にやさしくできない人は心が貧しい証拠だ。もしお金持ちになったとしても、決して心が満たされることはないだろう。

私はある有名なフレンチレストランで、こんな横柄な客を見たことがある。

ウェイターがその客のもとにやってきた。

ウェイター「食前酒は何になさいますか」

客「いいから、早くビール持ってこい！」

ウェイター「前菜のいちじくと生ハムのマリネでございます」
客「……（無視）」
ウェイター「メインのラム肉の赤ワイン煮込みでございます」
客「……（クビをあごで振ってテーブルに置けと合図をする）」

なんて横柄な客だ。おそらくウェイターが感じている以上に、私は怒りを感じていた。料理を持ってきたら、「ありがとう」と言うか、軽くおじぎをするかぐらいはするべきだと思う。

横柄な態度を取る人は必ず、「お金を払っているのだから、サービスを受けるのは当然だ。どう受け答えしようと私の勝手だ」と言う。

たしかにお金を払っているのはまぎれもない事実だ。でも、お金だけで割り切れないのが人間関係。

人間、自分一人の力だけでは決して生きていくことはできない。そのことが良くわかっている人は、他人にやさしくできる。

そして、その客の傲慢《ごうまん》な態度はさらにエスカレートしていった。

客「次の酒、持ってきてくれ」
ウェイター「何になさいますか」
客「ウィスキー持ってきてくれ」
ウェイター「申し訳ございません。当店はウィスキーの扱いがなく……。蒸留酒であれば、マールとグラッパを用意いたしております」
客「ウィスキーがないなんて、いったいどういう店なんだ。店長を呼んでこい、店長を！」

結局、その客は、店長に怒鳴り散らすだけ怒鳴り散らして帰っていった。

私はその様子の一部始終を見て、すっかり料理がまずくなってしまった。きっとそのとき一緒にいた、周囲の他のお客さんの多くもそうだったと思う。

横柄な態度を取るということは、他人の気持ちを考えられない、自分の気持ちをコントロールできないという心の余裕のなさでもある。

自分の気持ちを管理できない人は、たとえ一時的にお金持ちになれたとしても、そのうち欲望の渦に巻き込まれてしまうだろう。

傲慢な気持ちでいることは、負の連鎖を引き起こす。自分を不快にし、相手を不快にし、それが巡り巡って必ず自分にも跳ね返ってくる。

その逆に、人に感謝の態度を示せるということは、自分の気持ちをうまくコントロールしているということ。欲望もコントロールできるので、お金もどんどん貯まっていく。

「ありがとう」という感謝の気持ちは、幸福の連鎖を生み出してくれる。自分を楽しい気持ちにできるし、相手も楽しい気持ちにすることができる。

「笑う門には福来る」という言葉のように、不機嫌な顔で毎日を過ごすより、できるだけ笑顔で過ごすほうがいいに決まっている。

怒ってばかりいると、お金も幸せも、遠ざかっていく一方だ。

「悪い習慣」その7
三十歳を過ぎても親と同居している

これまで、お金を貯めるためには「自己管理能力」が必要だという話を繰り返し何度もしてきた。

私はこの「自己管理能力」に関して、ある持論がある。

それは、**若いうちからお金を貯められている人は「一人暮らし」をしている人が多いということだ。**

あなたは不思議に思うかもしれない。一人暮らしをしている人より、親と同居をしている人のほうが、圧倒的に自由になるお金があるはずだ。

どう考えても、そのほうが貯金できるはずである。

しかし、私の経験則からいうと、一人暮らしをしている人のほうが圧倒的に自己管理能力が高い。お金のやりくりを含めた、生活のすべてを自分でコントロールしなくてはいけないからだ。

その一方で、親と同居している人の生活は、経済的にも、精神的にも、親に依存しがちになる。いわゆるパラサイトというやつだ。

中には、給与が入ったら家にお金を入れたり、コツコツ貯金をしたりしている人もいるだろう。でもそれは、ごくごく少数派だろうと思う。

家賃も光熱費も払う必要がないという、一人暮らしの人からしてみたら天国のような環境。それなのに、お金を貯めることをせずに、給与をそのまま全部自分の「おこづかい」にしてしまう。

本当は「おこづかい」なんかではないのだが、まるで子供の頃のように、好きなものを買って、好きなように使いたい放題。子供の頃のように、給与を使っていたらお金が貯まるわけがない。

もしあなたが、三十歳を過ぎても親と同居をしていたとしたら事態はより一層深刻だ。このままだと、一生お金の貯まらない人間になりかねない。

今すぐにでも一人暮らしをはじめることをすすめたい。

もちろん、一人暮らしをしていたとしても、私のように「借金大魔王」になってしまう可能性はゼロとは言えない。

それでも、親にパラサイトしているより、ずいぶん「自己管理能力」を養うことができると思う。給与から家賃や光熱費を引いて、その中でやりくりをしていかなくてはいけないからだ。


貯金をすることも、借金をつくることも、すべては自分自身の責任の中で行われる。

今一人暮らしをしているという人は、すべてを自分が自己管理しなくてはいけない環境にいることをしっかりと自覚してほしい。

私は借金まみれの一人暮らしをしていたが、その生活を抜け出すことができた。

これは**一人暮らしをしている人は、心がけさえ変えれば、みな、いつでもお金が貯まる体質に変われる**ということを意味している。

一人暮らしをはじめることは、お金を貯める究極の環境づくりなのかもしれない。

「悪い習慣」その8
「夜ふかしは贅沢《ぜいたく》」だと思っている

ひょっとして、あなたは「夜型人間」ではないだろうか。

ここでハッキリと言っておく。

深夜遅くまで起きている人は、決してお金を貯めることができない。

会社の帰り道。近所のレンタルビデオ店の前を通りかかったあなた。

「今なら、ＤＶＤ一週間レンタルが一本１００円！」

というポスターが目に飛び込んでくる。「安い！　前々から観たかった映画があるんだよね」と思うあなた。迷わず店内に入り、五本もＤＶＤを借りてしまう。

映画を観るのが悪いとは言わないが、ここからが問題だ。

五本も借りてしまったので、週末に観るだけでは追いつかない。何本かは会社から帰ってきた後に観なくてはいけないことになってしまう。

深夜〇時。お風呂から上がって、あなたはようやく一枚目のＤＶＤを観はじめる。一本目は、去年３Ｄで話題になったハリウッドのスペクタクル映画だ。

ソファに座りながら、缶ビールを開ける。あなたは「こんなふうに、映画を観るのって久しぶりだなあ。すごく贅沢な時間……」とつぶやく。

テレビには、映画の壮大なエンディングが映っている。

「面白かったあ」と大きく伸びをするあなた。時計を見ると、午前二時半近く。明日も会社だ。翌日、あなたは眠い目をこすりながら会社に行くことになる。

夜型人間はこう思っている。

「夜ふかしは贅沢」

でも、その考えは完全に間違っている。

冷静に考えてみてほしい。

夜遅くまで何かをしていて、プラスになることなどあるだろうか。

さっきのように夜遅くまで映画を観ていたら、翌日の仕事が辛く、うっかり居眠りをして、仕事でミスをおかしてしまうかもしれない。また、本書を読んでいるあなたがもし女性ならば、夜ふかしはお肌の大敵でもあるだろう。

「翌日が休みなら夜ふかししたっていいでしょ。早起きして会社に行く必要はないんだし」

とあなたは反論するかもしれない。でも、その考え方もまったく間違っている。

翌日会社だろうが、休みだろうが、夜ふかしは「百害あって一利なし」だ。

翌日が休みなので、前の日遅くまで飲み歩いたとする。

飲みすぎて、翌日はお昼すぎまで布団の中。起きたときにはせっかくの休日の一日の半分が終わってしまっている。こんなに時間がもったいないことはない。


こんなダラダラした生活をしている人に、お金が貯められるわけがない。


タクシーの「深夜料金」に象徴されるように、夜遅くというのは何かと割高だ。それに比べて、朝や昼食の時間は安くてお得なことが多い。

例えば、飲食店のことを考えてみてほしい。

深夜遅くまで開いているおしゃれなバー。ステキな時間が過ごせるかもしれないが、たいていそんなお店のお酒は高く、おまけにチャージ料までかかったりする。ちょっと飲んだだけで結構な金額にいったりするものだ。

しかし朝の飲食店にはお得な「モーニングセット」があるし、ランチメニューにしても、夜と同じような内容を割安な料金で食べられるところが多い。

私も「借金大魔王」の頃は、夜ふかしをしてばかりいた。

夜ふかしをしている人にはわかるだろうが、夜の時間は、何とも言えない高揚感を与える。夜遅くまで映画を観たり、何軒もハシゴをして飲み歩いたり……。そのときは「なんて楽しいんだ！」と思う。

でも、その高揚感は麻薬と一緒だ。

お金はどんどん浪費されるし、寝不足から健康だって損なわれる。

日に当たらない廃人になってしまう前に、ぜひ夜型の生活を改めてほしい。

「悪い習慣」その9
気が付けば全然運動をしていない

あなたの会社に、こんな上司はいないだろうか。

デン、とおなかが出ていて、まさしく「中年太り」「メタボリック・シンドローム」という体型。重い体を揺らしながら、あなたにこう話すのだ。

「オレもさあ、昔はやせていたんだよ。若い頃は結構モテてさあ……」

あなたは上司の昔話を、適当に相槌《あいづち》を打ちながら聞いている。「自分とはまったく関係のない話」と思いながら、あくびをかみ殺しているかもしれない。

でも、他人事だと思わないでほしい。

ひょっとすると、上司のメタボ体型は、十年後のあなたの姿かもしれないからだ。

あなたは日頃から、定期的に運動をしているだろうか。

「そういえば最近、全然運動していないなあ」なんていう人が結構多いのではないだろうか。

「気が付けば全然、運動していない」という人は危険サインだ。

あなたは着実にメタボ予備軍になりつつある。それだけでなく、お金も一生貯まりそうにもない予備軍でもあるから要注意だ。

学生時代に部活でスポーツをしていたという人でも、社会人になるとまったく運動をしなくなることは多い。

なぜかというと、社会人の生活は運動不足になる誘惑に満ちあふれているからだ。

まず、「仕事が忙しい」を言い訳にして、毎日の運動を放棄することができる。「仕事が忙しい」を言い訳にして、家での自炊だって放棄している人も多いだろう。

会社仲間からの飲みの誘いも多くなる。毎日それに付き合っていたら、着実にカロリーオーバーだ。特に、学生時代にスポーツをやっていた人は、急に体を動かさなくなるから、何もやっていなかった人以上に太りやすくなると言えるだろう。

運動は健康維持のため、自己管理のために必須のことだ。

何度も言うが、お金を稼ぐためには体が資本。

まったく運動をしていないということは、お金が貯まらなくなる悪い習慣以外の何物でもない。

先にも書いたが、私も「借金大魔王」時代は、90キロ近くある完全なメタボ体型だった。

しかし今では、常に60キロの体重を維持している。

特別なことをしているわけではない。ダイエット食を食べているわけではないし、ジムに通っているわけでもない。

ただ、週三回、三十分程度、近所を必ずウォーキングするようにしている。ウォーキングと食生活を配慮するだけで、無理なく健康的な体を維持することができる。

食生活の配慮と言っても、なにも特別なことではない。野菜をたくさん取るようにする、外食はなるべく控える、アルコールも控える、当たり前のことをしているだけだ。

特にウォーキングはひざへの負担も軽く、はじめるにあたって特別な道具もいらないので、あなたにもぜひすすめたい。

何より、ジムなどと違ってお金がかからない。自分の体に余裕ができたとき、好きな時間に行うことができる。

歩いていると、四季折々のさまざまな風景を楽しむことができる。春は桜並木を、初夏は新緑を、秋は紅葉を楽しみながら歩くことができ、健康的なばかりでなく、心のゆとりを得ることもできる。

毎日忙しく働いていると、案外四季の移り変わりなど、気づかずに過ごしているものだ。

それに、歩いていると脳が活性化されて、仕事のいいアイディアが浮かぶことも多い。

なので私はポケットの中にノートとペンを入れて、すぐにメモができるようにしている。

ウォーキングは、お金のタネを生み出すことのできるいい習慣であるとも言えるのだ。


「反面教師」という言葉がある。

メタボな上司は、いわばあなたの反面教師。上司の昔話を聞きながら、「オレはこんなふうにはならないぞ！」と決意することにしよう。

「悪い習慣」その10
自分の会社以外のことに関心を持っていない

ここでも、私の「借金大魔王」時代の話をしたい。

かつて私は学習塾の講師をしていたのだが、その頃の生活は〝会社一色〟だった。

まず、学習塾なので夕方から夜遅くまで授業がある。

授業が終わったからといって仕事が終わりということではなく、それから次の日の授業の準備などもしなくてはいけない。仕事が終わるのはいつも夜十一時近くだ。

それで家に帰ればいいのだが、講師たちは独身男性ばかりだったので、みんなで食事も兼ねて飲みに出かける。

食事だけで済めばいいのだが、何度も書いた通り、後輩たちを引き連れてキャバクラ通い。明け方まで飲み続ける。

借金は溜まっていく一方だったが、ある意味で生活は充実していた。

会社の仲間が若い独身男性ばかりだったので、みんなとても仲が良く、笑いの絶えない職場だった。

だから、毎日飲みに行くし、平日ばかりでなく、休日までも会社の仲間たちと遊んでいた。休日のレジャーといえば、もっぱら競馬とパチンコ。お金はどんどん浪費されていくが、お金を浪費した分だけ楽しみが増えていった。


このように「借金大魔王」時代は、会社にどっぷりの生活をしていた。朝から晩まで、平日も休日も、すべてが会社一色。

会社の仲間と仲がいいというのは、基本的にはいいことだと思う。でも、暮らしの全部が会社一色になるのは、決して自分自身に良い影響を与えない。

会社にどっぷりの生活を送っていると、借金まみれになるとまでは言わなくても、決してお金は貯まらないだろう。

会社に不満を持てというわけではないが、満足しすぎるのは大いに問題がある。会社に満足しすぎてしまうと、そのときの自分の現状に満足してしまう。現状に満足することで、その後の自分の進歩が止まってしまうのだ。

「井の中の蛙《かわず》」という言葉があるように、自分が働いている会社なんて、本当はちっぽけなフィールドだ。会社の外を見ると、びっくりするような大海原《おおうなばら》が広がっている。会社の外を見ることで、初めて自分のちっぽけさを知ることができる。それが、新たな自分への進歩につながるのだ。

自分の会社の仲間だけでなく、ぜひ社外の人間とも付き合ってみてほしい。

最近はいろいろな形で「異業種交流会」などが開かれているので、自分の興味のあるところに思い切って、顔を出してみてほしい。

異業種の人の話を聞くだけで、自分の世界がグンと広がるはずだ。

異業種の友達ができると、今の会社の仕事にもプラスに働く。

例えば、仕事で何かの壁にぶち当たっているとき、異業種の友人のアドバイスがその突破口になることがある。自分の会社の中では当たり前で見えにくくなっていることでも、異業種というフィルターを通すことで、新たに見えてくることがあるのだ。


私は今、「ファイナンシャル・インディペンデンス」という会社を経営しているので、会社員という立場ではない。

でも、会社員だった頃以上に、さまざまな業種の友人たちに助けられてビジネスをしている。いろいろな業種の人達の考え方を知ることで、見聞が広がるし、刺激を受けることもできる。

人脈は何物にも変えられない宝だ。

その人脈が新しいビジネスを生み、新たなお金を生み出すことだってある。


お金を貯めたいなら、会社という枠を飛び出してみることが必要だ。

第三章

お金との付き合い方、意識を変えてみよう

――給料は平均、借金もない。でも、なぜ貯まらないのか?

お金に縛られ、振り回されていないかどうかをチェックしよう

「お金が貯まる習慣、貯まらない習慣」がわかったところで、この章では、あなたがこれまでお金に対して抱いていた間違った意識を改善していこう。

いきなりだが、ここで質問だ。

あなたは、生涯においていったいどのくらいお金があったら安心して生活できると思う？

3億円？　それとも100億円？

「そりゃあ、多ければ多いほうがいいよ。でも、とりあえず100億円もあれば一生安心だろう」

あなたは今、そんなふうに独りごちているかもしれない。


でも、「100億円もあれば安心」という認識は、ハッキリ言って甘い。

なぜなら、人間は欲深い生き物。**いくら莫大な資産を持っていても、なかなか満足できるものではない**からだ。


例えば、あなたが世界中に店舗展開をしているアパレル会社の社長だとしよう。

経営は順風満帆。中国や東南アジア、インドなどの新興市場でも、順調に売れ行きを伸ばしている。来年あたりは、アフリカ大陸にも新店舗を構えようとリサーチ中だ。

今やあなたは、個人資産だけでもウン兆円にのぼる、まさに世界の大富豪となった。

まわりの人たちは、あなたを「カリスマ経営者」と呼んでうらやんでいる。

しかし、大富豪となったはずのあなたの心はいつも不安でいっぱいだ。

なぜだろう？

つい先日、満を持して発売した新商品の売れ行きが心配で、「もし、売上げが伸びなかったらどうしよう……」と、毎日送られてくる売上げデータを見ては、ハラハラしているからかもしれない。

あるいは、「いつ海外から企業買収をかけられるか……」と、ビクビクおびえているからかもしれない。

つまり、いくらお金があったとしても、「金持ちには金持ちの悩み」がある。欲望がある限り、「これで安心」ということはないのだ。

また、もっと身近なところでは、次のような人もいる。

いわゆる〝小金持ち〟の老夫婦。

ご主人は、五年前に大手企業を定年退職し、老後をゆったり過ごせるだけの退職金をもらっている。すでに年金も支給されているので、生活費の心配もない。

本来なら、夫婦でのんびり旅行でもして、第二の人生を謳歌《おうか》できるくらいの資産は十分にあるはずだ。しかし、この老夫婦はいつも、「退職金を取り崩すのが心配でね……」と、年金だけで細々とした生活を送っている。

なぜ、お金があるにもかかわらず、いつも心配しながら生活しているのだろうか？

それは、「お金に振り回されている」からに他ならない。

もちろん、いつ何ごとが起こるかわからない今日において、心配事があるのは当然だ。〝もしも〟に備えて、ある程度のお金を残しておくことも必要だろう。

でも、お金は決して〝あの世〟に持っていけないことも、また事実。

ならば、使うときには思い切ってお金を使い、人生を謳歌するほうが、有意義な一生と言えるのではないだろうか。

たとえ世界の大富豪であっても、いつもお金のことばかり心配し、お金に振り回されていたのでは、決して豊かな人生とは言えないのだ。

逆に、今あなたが、つつましい給料で日々生活していたとしても、「これで十分満足だ」と、思って心が満たされていれば、それほど豊かなことはない。

つまり、実際のお金の有無に関係なく、他でもない「自分の心」が豊かさを決めるのだ、と覚えておこう。

ついついお金を使ってしまう、怖い人間心理に気付こう

景気良くお金を使うことは、実に気持ちのいいものだ。

「買おうかどうしようか……」と、さんざん迷ったあげく、「よっしゃ、買っちゃえ！」と決めたときには、一気にアドレナリンが放出される。

まさに、ほしい物を手に入れた瞬間は、快感以外の何物でもない。


しかし、ここに怖い人間心理が隠されている。

お金を使う自分に後ろめたさを感じながらも、一方で、高価なものに惜しげなくお金を使う自分が、「ちょっと偉くなった」ような気になることはないだろうか。


例えばあなたが、ブランドショップに入って商品を見ていたとしよう。

店員は、「どうせ冷やかしでしょ」という目で、あなたを見ている。

しかしひとたび、あなたが、「あのバッグ、買います」と言ったとたん、店員は手の

ひらを返したように、あなたに親切になるはずだ。

そのバッグの値段が高ければ高いほど、定員はニコニコ顔であなたに接してくる。

あなたは、奥の部屋に通され、ふかふかのソファに腰掛けることをすすめられるだろう。もしかすると、コーヒーまで入れて持ってきてくれるかもしれない。

真っ白な手袋をつけた店員が、あなたの前にバッグをうやうやしく運んできて、バッグの説明を丁寧にしてくれるだろう。

あなたは非常に気分がいいはずだ。

「お金を使うって、なんて素敵なんだろう！」

そう思うかもしれない。

高価な物を買えば買うほど、人は、何だか自分が偉くなったような気になってしまう。

そして、その快感が忘れられずに、ついうっかり高価な物を購入してしまうのだ。

これはもはや、競馬やパチンコがやめられない人と同じだ。

ギャンブルは、負ければみじめだが、ひとたび勝てば、一気に大金が手に入る。すると自分がすごく偉く大きくなったような気になるのだ。

「今日は勝ったから、オレのおごりな！」

と言って、仲間を集めてパーッと使うときには、気分は最高潮に達する。

まさに王様になったような気分。実に気持ちがいい。

これが忘れられないから、人はついついお金を使ってしまうのだ。


しかし、言うまでもなく、「お金を持っているから」「お金を使えるから」と言って〝価値ある人間〟というわけではない。

お金はあくまでも、より良い人生を送るための〝ツール〟でしかないのだ。


大切なのは、**自分の身の丈にあったお金の使い方を知るということ。**

そして、お金は〝モノ〟を手に入れるためだけではなく、〝より良い未来〟を手に入れるためにこそ使うのだ、ということを心得ておこう。

お金を貯めることと執着することの違い

節約し、お金を貯める、ということはとても大切なことだ。

しかし、ひとつ絶対に忘れてほしくないことがある。

それは、**「お金を貯めることに一生懸命になるあまり、ケチにならないように」**ということ。

特に、男性に多い次のようなタイプは要注意だ。


優良企業に勤め、年齢のわりには高給をもらっているT君。

お金を貯めることが趣味で、財テクの才能もあるため、二十代後半ですでに貯金は500万円をくだらない。

そこそこイケメンなので社内の女子から人気も高く、〝婿候補〟として密かに狙われている存在。

そんなT君から、食事に誘われたK子さん。

「やった〜、これで私も玉の輿《こし》かも！」

と、内心ガッツポーズしながら、食事の誘いを二つ返事でOKした。

T君がチョイスしたのは、郊外のこじゃれたフレンチレストラン。マスターともなじみの仲らしく、「今日のオススメ頼むね」などと、こなれた態度が頼もしい。食事もおいしく、T君との会話もはずみ、かなり良いムードで食事を終えた。

K子は大満足。すっかりT君と恋人気分だ。

しかし、いざ会計のときになって、K子を驚愕《きょうがく》させる出来事が起こった。

なんと、T君はこんなことを口走ったのだ。

「合計1万2384円か。じゃあ、ひとり6192円だね」

1円単位で割り勘⁉

ガラガラガラ……。

K子の夢は、早くも崩れ去った。

確かに、お金持ちの男性は魅力的かもしれない。

でも、お金に細かく、1円単位で割り勘にするような男性は、女性でなくても興ざめしてしまう。

ときに人は、「相手の自分に対するお金の使い方」を見て、自分が相手にとって、どれほど価値のある人間か、を推し量ってしまう。

普段は「節約家」と好意的にとらえていても、自分に対してケチな行動をとられると、「ちっちゃな人間」と、とたんに評価が下がるのだ。

かりにT君が、どんなにK子のことを大切に思っていても、「私のことなんて、愛してないんだわ」と、K子に思われても仕方ないだろう。

逆に言えば、**相手のためにうまくお金を使えたなら、「お金」は自分の思いを相手にうまく伝える最良のツールとなる。**

もちろん、そんなに高価な物じゃなくていい。近頃は、「料理のできる男性はモテる」そうだから、おいしい食材を使って、腕によりをかけた料理をつくってあげるだけで、あなたの愛が伝わるかもしれない。


お金を貯めることは大事だ。

節約も大いに結構。

でも、金額の大小にかかわらず、「大切な場面では惜しまずに使う」ということが、もっともお金を有効活用できる方法かもしれない。

お金を貯めることと、お金に執着することは違うんだ、ということを心にとめておこう。

まずはお金を大切に、丁寧に扱うことからはじめよう

「お金を大切に扱えない人は、お金持ちになれない」というのが、私の持論だ。

男性に多いのが、おしりのポケットやスーツの内ポケット、カバンのポケットなど、あちこちに、くしゃくしゃに折りたたんだお札や、小銭をしのばせているタイプの人。いざ食事をして会計をしようとすると、すべてのポケットを探りはじめるから、えらく時間がかかる。

当の本人ですら、総額でいくらお金を持っているのか把握していないし、あげくの果てに、ポケットにお金を入れたまま洗濯をしてしまうから、節約どころではないのだ。

いわゆるお金持ちの人たちは、決してこのようなお金の扱い方はしない。

財布にお札を入れるときには、きちんと向きをそろえて入れているし、中には、小銭

入れを別に持って、細かいお金も無駄にしないよう、管理をしている人も多いのだ。

なんだか風水のような話になってしまうが、**お金を大切に扱っている人のところには、お金が自然と集まってくる。**

実際に私自身も、多額の借金を抱えていた頃は、お金を大切に扱っていなかった。というか、お金に頓着がなかったのだ。

小銭やお札をポケットにそのまま突っ込んでいたし、財布に入れるときでも、ポケットから取り出したしわくちゃのお札を、そのまま無造作にしまうだけだった。

これじゃあ、お金を貯める気にもなれない。

しかし不思議なことに、ムダ使いをやめ、節約をしはじめたとたん、お金を大切に扱えるようになった。

1円単位できちんとお金を管理したかったから、ポケットに小銭を入れっぱなしにする、ということもなくなった。「お金をムダにしたくない」という気持ちが強くなったことで、自然とお金の扱い方もていねいになった。

子どもだって、動物だって、自分を大切にしてくれる人に懐《なつ》くものだ。

お金もそれと同じで、大事に扱ってくれる人の元に集まってくる。

お金を大事に扱うようになってからというもの、「いつのまにか、お金を使ってしまった」ということもなくなり、お金が貯まりやすい体質へと変わっていったのだ。

もしあなたが今、お金をいい加減に扱っているようなら、お金との向き合い方から考え直してみよう。

きっと、お金との良い関係が築けるはずだ。

「何となく後悔する」お金の使い方は卒業しよう

良い買い物をすると、心が晴れ晴れして気持ちいい。

その反面、どうでもいい物を衝動買いしてしまうと、家に帰ってから「しまった……、なんでこんな物を買っちまったんだろう」と、後悔してしまう。

おそらくみなさんにも、一度や二度、そんな経験はあるだろう。

もしあなたが、**「平均的な給料はもらっているのに、ちっともお金が貯まらない」という場合は、後悔するようなお金の使い方をしている可能性が強い。**

ここで一度、あなたの一週間の「お金の使い方」をふりかえってみよう。

例えば、こんなことはなかっただろうか。

深夜の通販番組をボンヤリと見ていて、「オマケに●●を付けて、なんと1万9800円！」という、誘い文句につられてついつい電話をしてしまったこと。

あるいはネットサーフィンをしていて、「50％オフ！ 残りあと一個！」なんていう魅惑的なコピーにつられて、ついつい使いもしない家電製品や、美容機器を買ってしまったこと。

それらすべての「後悔する」行動が、あなたがいつまでたっても「お金が貯まらない」原因なのだ。

では、後悔しない買い物をするためには、どうしたらいいのだろうか。

私の場合は、**「この商品ほしいな」と思ったとき、一分間じっと「本当にこれが必要か？」と問いかける**ことにしている。

そうすると、盛り上がっていた気持ちが少し沈静化され、「たいして魅力的な商品じゃないかも」とか、「同じような商品を持ってたな」などと、冷静に考えられる。

たったこれだけの行動で、ムダ使いを半分に減らすことができるはずだ。

しかし、もちろん一分間自問自答しても、「やっぱりほしい！」と思う商品もある。

そのときには、さらに一分間、「この商品を買ったら、どんなシチュエーションで使用するだろう？」と考えてみてほしいのだ。

すると、「あれ？　普段に着る機会が少ないな」とか、「たしか、前にも同じような物を買ったな」とか、「そもそも、自分に似合わない」「自分のライフスタイルには必要ない」と、いった結論に至ることが多い。

すると不思議なことに、物欲が引き潮のように引いていくのだ。これでほとんどのムダ使いはカットできるだろう。

これだけ熟考しても、「やっぱりほしい！」と思う物こそ、あなたの生活に必要なアイテムだ。

おそらく、そんなに必要なアイテムには、半年に一度くらいしか出会わないだろうから、一度だまされたと思って以上の二つを実行してみていただきたい。

そうすれば、驚くほどムダ使いが減ってくる。

さらには、本当に自分にとって〝必要な物〟が見えてきて、〝自分らしさ〟が確立され、カッコイイ大人に近づいていくはずだ。

「未来を見据えながら」今、お金を使う

「お金を貯めること」自体が目的になっている人を、たまに見かけることがある。が、できればそれは、やめたほうがいい、と個人的に思っている。

なぜなら、どんな人間でも「お金を持ってあの世に行くことはできない」し、〝金は天下のまわりもの〟と言われるように、有効に使ってこそ価値があるからだ。銀行に寝かせているだけでは、たんなる紙切れでしかない。

「目的を持ってお金を貯める」ということは、「未来を見据えながら、今を生きる」ということだ、と私は思っている。

例えば、「彼女と一緒に旅行に行くために、30万円貯めよう」という目的を持ったとしよう。つまりそれは、〝彼女との未来〟を見据え、それに向かって歩んでいこうということだ。

またあるいは、「生まれたばかりの子どものために学費を貯めよう」という目的を持ったのならば、それは、〝子どもの未来〟を見据え、それに向かって努力している、ということだ。

しかし、**「お金を貯めること」自体が目的になってしまうと、貯まった先の未来が見通せていないから、お金が貯まっても幸せを感じられないのだ。**

実は私自身も、「経済的独立」を達成した当初、人生の目標を見失って、ウツ状態に陥ったことがある。

「お金を増やす」ということが目的になっていたために、それが達成されてしまったら、何もやることがなくなって〝燃え尽き症候群〟になってしまったのだ。

一生困らないだけの資産を得たものの、私はそれをどうやって活用していいか、わからなかった。

私はじっくりと時間をかけて、自分を見つめ直した。

そして、貯めたお金を有効活用する〝目的〟を探した。

その結果、導き出されたのが、「本を書くこと」と全国各地で「講演活動をすること」だった。

かつての私と同じように、お金のことで悩んでいたり、不安をかかえている人達に向けて自分の実体験を話すことで、ひとりでも多くの人をお金のストレスから解き放ってあげたい、と思ったのだ。

目標を持ってからの私は、ますます資産を増やすことが楽しくなった。

「資産を増やす」という経験を、本や講演活動を通して、ダイレクトにみなさんに伝えることができるからだ。

お金はあくまでも、何かを実現するためのツールでしかない。

目的を持ってお金を貯められるようになれば、きっと幸せな未来が見えてくるはずだ。

「お金がない」ではなく、「必要がない」と考えよう

物事は、気の持ちようで一八〇度見え方が変わる。

例えば、「この商品ほしいけど、節約しなくちゃいけないから買えない」と思うと、ますますほしくなってくるものだ。

けれども、「この商品ほしいけど、自分には必要がないから買わない」というふうに考え方を変えると、不思議と購買欲がおさまってくる。

つまり、〝**買わない**〟**理由を「お金がない」とマイナスにとらえずに、「自分には必要がない」と、ポジティブにとらえることで、自分を納得させる**のだ。

私は、この考え方を頭にインストールしてから、ブランド物を買うのをキッパリやめることができた。

すでにお話しした通り、私は何が何でも借金を完済して資産を築き、「経済的独立」を達成しよう、と堅く心に決めていた。

「一日も早く、お金に困らないで自由に暮らせる生活を手に入れるぞ！」と意気込んでいたので、ブランド物にまったく魅力を感じなくなった。

文字通り、派手なネクタイやスーツが、無用の長物になっていった。

だからあなたも、お金が貯まる習慣を身につける前にもう一度、「自分にとって本当に必要な物」は何なのか見直してみると良い。

そうすれば、今までほしくてほしくてたまらなかった物が、案外自分には必要のない物だったことがわかってくるだろう。

お金の使い方を見直すことは、実は〝自分スタイル〟を見つけるもっとも良い機会であることを認識しておこう。

お金を使うときは「昨日」と「明日」を意識しよう

５００万円の借金を背負っていた頃の私は、ユニクロのフリースを色違いで五枚も持っていた。

え？　コレクションでもしてたのかって？

いいえ、まったく。

コレクションなんてするつもりはなかったし、特にフリース好きでもなかった。

じゃあ、なんで五枚も持っていたのかって？

たんに、**自分のクローゼットの中身を把握できていなかった**だけなのだ。

当時、私のクローゼットには、ド派手なスーツからユニクロのフリースまで、いろいろな衣類がごちゃまぜにしまわれていた。

「しまわれていた」というより、クローゼットに「押し込んでいた」と言ったほうが正しいだろう。

とにかく中はぐちゃぐちゃで、何がどこにあるのかもわからない状態だったのだ。

こうなると、必要なときに、必要な物が取り出せない。

「ちょっと肌寒くなってきたから、フリースでも羽織るか」

と思っても、クローゼットの中をひっかき回さないと見つからないのだ。もともと面倒くさがりやの私は、探すのも嫌になって、外出のついでにユニクロに立ち寄って新しいフリースを買う……ということの繰り返しだった。

「安いから、いいや」

500万円もの借金を抱えている分際で、私はそんなふうに考えていた。

そして、2000円ほどするフリースを、懲りもせず五回も購入していたのだ。

トータルすると、フリースに1万円ものお金をつぎ込んだことになる。

こんな調子だから、他の物を買うときも、「以前、似たような物を買ったから、これはいらないな」とか、「今日、ここでこれを買ったら、今月のやりくりが厳しくなるな」などと、過去の買い物歴を振り返ったり、先のやりくりを計算したりして買い物することは一切なかった。

まぁ結局、だから借金が膨らんでしまったのだが。

もちろん、今は違う。

毎日マネーレコーディングを続けているおかげで、過去に買い物した物も一目でチェックできるし、未来を見通して計画的にお金を使い、そして貯金もできるようになったのだ。


「自分にそんなことできるかなぁ」と思ったあなた。

心配はいらない。

慣れれば簡単なことだ。

お財布からお金を出す瞬間に、ほんの十秒でもいいから、次の二点について思いを巡らせるだけでいい。

一、過去に同じような物を買っていないか
二、今、ここでお金を使って、今月やりくりができるか

つまり、お財布からお金を出す瞬間に、過去を振り返り、未来を見通すことだ。
これさえできれば、あなたの浪費は驚くほど減るに違いない。
さっそく今日から、試してみよう。

お金に執着せず生きられることが、一番の幸せだと理解しよう

この章の終わりにもうひとつだけ、どうしても理解してもらいたいことがある。

それは、**「お金をたくさん持っているからといって、必ずしも幸せになれない」**ということだ。

かりにあなたが、一生裕福に暮らせるだけの大金を手に入れたとしても、「このお金がなくなったらどうしよう」「もっと多くのお金を手にしないと心配で仕方ない」と考えるなら、あなたは決して幸せとは言えないだろう。

いっぽうで、もしあなたの貯金が残り1万円しかなかったとしても、「大丈夫！　いざとなったら自給自足で食べていくから心配ないよ♪」と、ストレスフリーで生きていけるなら、お金がなくったって幸せなのだ。

もっとも不幸なのは、「お金に縛られ、お金に振り回されて」生きることだ。

たとえば、大金を稼いでいるデイトレーダーを例に挙げてみよう。

もしかするとあなたは、「会社にも行かず、一日数時間パソコンの前にいるだけで大金が手に入るなんて、うらやましい」と思っているかもしれない。

しかしデイトレーダーの中には、ちょっとした株の上がり下がりに一喜一憂し、経済の動向に神経をとがらせ、いつ自分の資産が失われてしまうか……ということにおびえながら生活している人も少なくないのだ。

どんなに大金を得たとしても、いつもお金のことばかり心配していたのでは、楽しい人生だとは言えないだろう。

それよりも、自分の好きなものや、大切な人に囲まれて、日々ストレスのない生活を送るほうがよっぽど幸せだ。たとえ、お金が十分になかったとしても……。

もちろん、お金はあるに越したことはない。

世の中の九割は、お金で解決できることかもしれない。

しかし、お金がたくさんあったからといって、必ずしも幸せになれないことは、十分肝《きも》に銘《めい》じておく必要があるだろう。

お金に執着せずに生きられることこそが、一番の幸せなのだ。

第四章

幸運を呼ぶ、お金の整理・管理術

――グダグダなお金の習慣を徹底改善！

三分でできる「浪費」「投資」「消費」の仕分け方

この章では、具体的なお金の整理・管理術をご紹介しよう。

まずその前に、お金の使い方には次の三種類あることを覚えてほしい。

「浪費」「投資」「消費」の三種類だ。

順番に説明していこう。

まず、**「浪費」**について。これは、あなたが得意な〝ムダ使い〟のことだ。気が進まない飲み会に付き合ったり、仕事帰りに衝動買いしてしまったり。かつての私の場合で言えば、キャバクラで使った飲み代や、ギャンブルにつぎ込んだお金、ド派手なブランド物の洋服代……などのこと。

つまり、使ってしまった後に、「あぁ、またやっちまった……」と、後悔するお金と考えてもらえばいい。

次は、**「投資」**について。これは、いわゆる金融商品に投資するお金だけでなく、自分の将来のために使うお金のことだ。貯金もそうだし、資格取得にかかる費用や、本を買うためのお金、またセミナーや講演会への参加費用などもこれに含まれる。

また、一見〝浪費〟に見える飲み会でも、人脈を広げるためのものなら「投資」に入れても良いだろう。

最後に、**「消費」**について。これは、生活するために最低限必要なお金のこと。つまり、住居費、光熱費、交通費、通信費、食費など、「衣食住」にかかわる出費だ。

ここまで理解できたら、次は〝仕分け〟のスタートだ。

まずは、自分が一ヶ月間で「浪費」「投資」「消費」にどれだけお金を使っているかを正確に把握することが大切だ。

そのために必要なのが、買い物したときにもらう〝レシート〟。

ちょっと面倒だが、捨てずに必ずとっておこう。また、自動販売機で買った缶ジュース、切符といったレシートの出ない物に関しては、かかった代金をケータイなどにメモしておき、取りこぼしのないようにしておいてほしい。

最近では楽しみながらゲーム感覚で支出の管理ができるスマートフォンのアプリなどもあるようなので、活用してみてはいかがだろう。

超・簡単！ マネーレコーディングのすすめ

そして、ここからが重要。

一日の終わりに、とっておいたレシートを、Ａ４版のノートに貼っていくのだ。

私はこれを、〝**マネーレコーディング**〟と呼んでいる。

もちろん、家計簿にひとつひとつ書き記していっても良いのだが、家計簿にはたくさんの項目があってわかりづらいし、第一とても面倒くさい。

忙しいビジネスパーソンの場合、きっと三日坊主で終わってしまうだろう。

その点、マネーレコーディングは、とっても簡単。なんてったって、レシートを貼るだけなのだから。

では、その方法を具体的にご説明していこう。

まず、ノートの一ページを、「浪費」「投資」「消費」の三つに区切って線をひく。

そして、レシートをひとつひとつチェックしながら、これは「浪費」、こっちは「投資」、あっちは「消費」と、自分で仕分けしながらノートに貼っていくのだ。

カード決済をした物は、「引き落とし日」ではなく、「購入した日」に貼るようにしよう。そうすれば、一日にどれくらいのお金を「浪費」しているのか、あるいは「消費」しているのかが明確になり、自然とムダ使いが減ってくる。

最初のうちは、どれが「投資」か「浪費」か、あるいは「消費」なのか、瞬時に仕分けできないかもしれないが、深く考えずに直感で判断してかまわない。

一ヶ月も続けていれば、「これは〝投資〟のつもりだったけど、実は〝浪費〟だったな」とか、「私は意外と、消費が多いぞ」など、自分の支出の傾向が見えてくるはずだ。

それと、マネーレコーディングをするにあたって、ひとつ必ず守ってほしいことがある。

それは、**「一日の終わりに、必ずマネーレコーディングをする時間をとる」**ということだ。

財布の中に何日分ものレシートを溜めて、「あとでまとめて貼り付けよう」なんてことをやっていては、一日にいくらお金を使ったのか把握できなくなってしまう。

あくまでも、今日の出費は今日のうちに整理し、一日あたりどれくらいの「浪費」「投資」「消費」を行っているか、きちんと自覚しておく必要があるのだ。

なあに、どんなにあなたが忙しくとも、レシートを貼り付けていく作業なんて、わずか五分もあればできてしまう。

寝る前に歯磨きをするのと同じような感覚で、五分間レシートチェックをぜひ習慣にしてもらいたい。

意外と知らない、理想的な支出バランスとは？

しばらくマネーレコーディングを続けていると、自分の家計が驚くほど〝見える化〟されてくる。そうして自分が「浪費」「投資」「消費」にどれだけお金を使っているかが把握できれば、自然とムダ使いが減ってくるはずだ。

しかし、ここで気をつけなければいけないのが、**「無理をして節約しすぎない」**ということ。

家計が「見える化」されると、まじめな人ほど「消費」を必要最低限に抑え、「浪費」を徹底的に減らしたくなる。でも、無理をしすぎるとストレスがたまり、そのリバウンドで〝ドカ買い〟をしてしまいかねない。何ごともバランスが大事なのだ。

私の経験から言うと、理想的な支出バランスは、**「消費70％、投資20％、浪費10％」**くらい。これをキープしておくと、無理せず長く節約が続けられる。

もしもストレスを感じたときは、あえてマネーダイエットをお休みして、浪費してみるのも悪くない。同僚とパーッと飲みに行ってウサ晴らしするも良し、前から買いたかった洋服を買うも良し。

ただし、**「今日はストレス解消のために、あえて浪費をしているんだ」**と自覚を持って使うことが大切だ。

ただ、無自覚に「何となく……」という使い方をしてはダメだ。

たとえ浪費であっても、お金は意識して使うように心がけよう。

ここで少し、私が「借金大魔王」だった頃の話をご紹介しておこう。

私がマネーダイエットを始めた頃は、とにかく早く500万円の借金を返済したくて、「消費80％、投資20％、浪費0％」くらいの割合で徹底的に節約をしていた。

キャバクラ通いやギャンブルもすべてやめ、食事は自炊に切り替えた。

夜八時を過ぎてスーパーに行くと、お惣菜がすべて半額になっているので、一番安い発泡酒を買って、お惣菜をつまみにちびちび飲んだ。

また、当時私はかなりのヘビースモーカーで、一日三箱くらいタバコを吸っていたのだが、それもキッパリとやめた。

月々5万円ほど支払っていた無駄な生命保険を解約し、高い維持費のかかる外車も売り払った。

極めつけはマンションだ。今まで住んでいたワンルームマンションを引き払い、築二十年以上の六畳一間、風呂なしの借家に引っ越したのだ。

かなり強引なマネーダイエットだったが、おかげで、わずか二年ほどで借金は完済。うれしい副産物としては、お酒や外食をやめたおかげで、90キロ近くあった体重を60キロにまでダイエットすることができたことだ。

もちろん、借金を完済してからは、無理のないペースに少しずつ戻すことにした。ずっと、切り詰めた生活をしていたら、人生の楽しみや味わいがなくなってしまう。

現在は、「消費70％、投資20％、浪費10％」の割合で、ときどき浪費も楽しみながら、お金の管理を続けている。

たぶん、読者の中でかつての私ほど莫大な借金を背負っていた人は、それほどいないだろう。だから無理をせず、リバウンドしないくらいの支出バランスで長続きさせることが大切なのだ。

無駄な出費の見分け方〜一週間シミュレーション〜

「消費70％、投資20％、浪費10％」の割合を目指す、というところまでは、おわかりいただけただろうか。

とはいうものの、「どのように出費を削ればいいかわからない」という方もいるだろう。そんな方のために、あるＯＬの一日を例に挙げ、マネーダイエットのシミュレーションをしてみよう。

《ＩＴ関連企業に勤めるＭ美さんの一日の出費》

（消費）……朝食　↓スターバックスで本日のコーヒーとマフィン　合計７００円
コンビニ↓ペットボトルのお茶とガム　合計２２０円
昼食　↓パスタランチ（デザート付き）　合計１０００円
衣類　↓カットソー　合計８６５０円

（浪費）……気の進まない同僚との飲み会　合計5000円
美容系雑誌2冊　合計1180円
コンビニ→プリン　合計180円
スポーツジム月会費　合計6000円
（投資）……英会話チケット代　合計10000円
ビジネス書2冊　合計1980円

一日の総支出　合計34910円

では、どの部分の支出が削れるか、順番に見ていこう。

まず、「消費」。

ここで気になるのは、

「スターバックスで本日のコーヒーとマフィン　合計700円」という出費。

できれば朝食くらいは、自宅でとるのがベスト。寝る前に炊飯器をセットしておけば、ちょうど目覚める頃にはホカホカのご飯が炊けている。それに、インスタントの味噌汁と納豆があれば、素晴らしくヘルシーな朝食の出来上がりだ。

準備するのに五分もかからないし、食費だって数十円で抑えられて一石二鳥。

「どうしても家で食べる時間がない」という人は、もうちょっとリーズナブルなカフェをチョイスしてみたらいかがだろうか。おしゃれなスターバックスで、優雅なひとときを過ごしたい気持ちもわかるが、朝食に700円はさすがにぜいたくだ。

または、近所のベーカリーでサンドイッチとカフェオレでも買って、朝の公園で小鳥のさえずりでも聞きながら食べる、というのも悪くない。

そうすれば、どれだけ高くても500円以内には抑えられるはずだ。

次に「浪費」。

ここはできれば、すべてカットしたい項目だ。

何度も言うように、**気の進まない同僚との飲み会は、なるべく断る方向で考えよう。**

とは言え、毎回断っていたら人間関係に亀裂が入ってしまうかもしれないので、三回に一回くらいは誘いを受けるようにすればいい。

もちろん、飲み会への参加は一次会のみにする、ということもお忘れなく。

もし、飲み会を断って気まずい思いをしそうなら、代わりにランチにでも誘ってみてはどうだろうか。ランチならずいぶん安上がりに抑えられるし、コミュニケーションだって、しっかりとれるはずだ。


もうひとつ気をつけたいのが「スポーツジム費用　合計6000円」だ。

本来これは、「投資」の項目に入るはずの出費だが、月会費だけ払って、ほとんど利用していないようなら、「浪費」になってしまうので注意が必要だ。

せめて週に二～三回は通って、元をとれるよう努力してほしい。あまり通えないのなら思い切って解約し、お金のかからないウォーキングに変えてみるなどの工夫が必要だろう。

ちなみに私も、いっさいスポーツジムには通っていない。もっぱら週に三回のウォーキングで体重を維持している。

真剣に歩くとかなりいい運動になるし、歩いていると、なぜか良いアイディアがひらめくので非常に気に入っている。

最後に「投資」。

この出費は、あなたにとって本当に「投資」になっているなら問題はない。

スポーツジムの会費と同様に、「英会話のチケット代だけ支払って通っていない」とか、「ビジネス書を読むだけで安心してしまい、書かれていることを実行していない」などということがないよう、十分注意しよう。

習い事をはじめるときは、事前に必ず「いつまでに何を達成するか」という目標を定めておくとよい。そうすれば、せっかくの「投資」が「浪費」にならずにすむ。

例えば、ＴＯＥＩＣの勉強をするなら、「一年後に八百点台取得を目指す」という目標を定めておくのだ。

そうすれば、その目標を達成するまでに、どれくらいのお金を費やしたかが一目瞭然だ。

一年経っても、まだ四百点台をうろうろしているようなら、あなたが真面目に勉強していない証拠。つぎ込んだお金は、「浪費」ということになる。

さて、少しは出費を抑える方法がおわかりいただけただろうか。

さっそく今日の出費からチェックして、ムダを省いてみよう。

給料をもらったらまず使用用途別に分ける

浪費しないようにいくら気をつけていても、ちょっと気を抜くと「いつの間にか使ってしまう」のがお金の怖いところ。

「あれ……、たしかあと1万円残っていたよな」と独り言を言いながら、財布の中を必死で探した経験、あなたにもあるのではないだろうか。

では、ついついお金を使ってしまわないために、どうすればいいのだろう。

私が節約生活をしていた頃に、実践していた方法をご紹介しよう。

一、給与が振り込まれたら、一ヶ月に必要な分の生活費を口座から引き出す

二、使用用途別に封筒を用意し、お金を分ける

三、封筒に入っている予算内でやりくりする

まず、給料が振り込まれたら、一ヶ月分の生活費（消費に充たるお金）を銀行から引き出してほしい。

そして、「家賃」「光熱費」「食費」「交際費」「雑費」「貯金」などの項目別に予算を決め、あらかじめ用意しておいた封筒に分けて入れる。

例えば、二十代一人暮らしの方の場合は、次の金額を目安に予算割りすると良い。

・家賃　６〜８万円（住まいの地域によっても異なる）
・光熱費　８０００〜１万２０００円（季節によって変動あり）
・通信費　１〜２万円
・食費　２〜３万円
・交際費　２万円
・雑費　１万円

「もっと節約できる！」という方は、少なめの予算割りにしても良いが、**長続きできるよう無理しすぎないことがポイント**だ。

それぞれの封筒がカラになったら、「その月に使えるお金はない」ということ。

あくまでも、封筒に入っているお金だけで、やりくりするのだ。

あとひとつ、右の項目とは別に、ぜひ付け加えていただきたいのが「貯金」の項目。

貯金の効果的な方法については、次項で詳しく述べるが、**やはり毎月一定額ずつ強制的に積み立てをしていれば、お金が貯まるのも早い。**

さっそく、次の給料日から試してみてはいかがだろうか。

無理なく、確実に貯金をする方法って？

次に、無理なく確実にできる貯金の方法をご紹介したい。

といっても、実のところ私は、たんなる〝貯金〟は、あまりオススメしていない。

というのも、今は超・低金利時代。銀行で定期預金をしても、ほとんど利子が付かず、タンス預金となんら変わらないからだ。

だったらいっそのこと、〝投資〟をするほうがよっぽど賢い、と私は思う。


投資にもさまざまな種類があるが、初心者の方にもオススメなのが「投資信託」だ。


投資信託とは、ファンドマネージャーと呼ばれる投資のプロが、投資家から集めたお金を株や債券などで運用し、その成果に応じて利益を配分してくれる、という金融商品のこと。

「投資なんて、なんだかギャンブルみたいで怖い……」

と思う方がいるかもしれないが、投資信託の場合は、投資のプロがあなたに代わって運用してくれるし、株やFXなどに比べるとリスクも低いので、投資初心者でも安心だ。

また、株は証券会社を通さないと売買できないが、投資信託は銀行や保険会社などでも購入できるので、扱いやすいというメリットもある。

そして最も良い点は、銀行の積立預金と同様に、〝積立投資〟ができるということ。

あらかじめ「自動購入サービス」を設定しておけば、毎月決まった額が指定口座から引き落とされ、自動的に購入できるのだ。

毎月コツコツと積立投資をしていれば、将来的には大きな資産となるだろう。


もちろん、投資信託も〝投資〟であるので、元本保証はなく、投資したお金が減ってしまうこともある。「まったくリスクがない」と言えばウソになる。しかし長い目で見れば銀行でチマチマと定期預金をしているよりも、ずっと着実に資産が築けるだろう。

「まだ、投資をしたことがない」という方は、この機会にまずは勉強をしてみることをオススメする。

お金を貯める目的を持つことが大事

「お金を貯めるって難しいな……」

ここまで本書を読んでくださった方の中でも、そう思っている方は多いのではないだろうか。

何度も言うが、あればあるだけ「ついつい使ってしまう」のがお金なのだ。

もちろん、すでにご紹介したように、自動積立で貯金や投資をすれば、お金はたしかに増えていく。

が、ただでさえ少ない給料の中から、毎月天引きされるのは、正直キツイものだ。

では、「お金を貯める」ということに対して、どうやってモチベーションをアップしていけばいいのだろうか。

答えは簡単。

「お金を貯める目的を持つ」ということだ。

例えば、「30万円貯めてハワイ旅行に行こう」とか、「1000万円貯めて家を買うときの頭金にしよう」とか。さらには、「結婚資金の200万円が貯まったら、彼女にプロポーズする！」なんて、ロマンチックな目的も悪くない。

とにかく、**その夢のことを考えたら、自然と顔がニヤけてしまうような、とびっきり素敵な目的を持ってほしいのだ。**

そうすれば、少しくらい月々の生活が厳しくなったって、楽しく乗り切れるはずだ。それに、つい誘惑に負けて「積立を解約してしまった……」なんてことにもならないだろう。

え？　私の場合は、どんな目標を持っていたのかって？

何を隠そう、「四十歳までに経済的独立を果たそう」というドでかい目的を持っていた。

〝経済的独立〟とは、つまり一生あくせく働かなくても、資産だけで生活していける状態のことだ。

まったく身の程知らずのビッグな夢だ。

なぜこんな大それた目的を持つようになったかというと、『お金持ちになれる黄金の羽の拾い方　知的人生設計入門』（橘 玲著／幻冬舎）という本と出会ったことがキッカケだった。

この本に書かれていた次のようなフレーズを読んで、目からウロコが落ちたのだ。

「人生を経済的側面だけに限定すれば、その目標は『経済的独立（Financial Independence）』を獲得することといえます。『経済的独立』とは、簡単に言えば、誰にも依存せずに人生を自由に設計するだけの十分な資産を持つことです」

人は人生のほとんどを、たいしてやりたくもない仕事のために時間を費やしている。

おまけに私は、借金に追われる日々……。

でも、十分な資産を築きさえすれば、借金に苦しむこともないし、本当に自分のやりたいことだけに人生の貴重な時間を使えるようになる。

私はこのことに気づいたとき、心が震える思いがした。

「四十歳までに、経済的独立を達成するぞ！」

と誓いを立てて、猛烈にストイックな節約生活を続けたのだ。

くじけそうになったときは、他人や会社に依存することなく、人生を謳歌《おうか》している自分の姿を思い描いた。

お金さえあれば、困っている人に手をさしのべることだってできる。

たくさんの人に喜ばれ、感謝されている自分――。

そんな未来の自分を想像したら、厳しい節約生活も愉快に過ごすことができたのだ。

おかげで私は、四十歳を待たずして、経済的独立を達成することができた。

それもこれも、目的を持って頑張り続けたからだと思っている。

もちろん、私のような途方もない目的である必要はない。

最初にお話ししたように、「旅行に行くために50万円貯める」という目的だってかまわないのだ。

お金を貯める目的がありさえすれば、辛いことも喜びに変わる。

ぜひ貯金をするときには、自然と顔がニヤけてしまうような楽しい目的を持とう。

第五章

「なぜかお金が貯まる人」ってこういう人

――貯金体質になると人生がうまく回りだす

良い仕事をしている　～バランスコントロールのスキルが身についている

いよいよ最終章。

ここまで、「人生がうまくいくお金が貯まる習慣」について繰り返し何度もお話ししてきたが、みなさんおわかりいただけただろうか。

とはいえ、「お金が貯まる習慣を身につけたら、いったいどのように、人生がうまくいくんだろう?」と思っている方がいるかもしれない。

そこで最終章では、お金が貯まる習慣を身につけ、人生を謳歌している人たちの生活をのぞいてみたい。

広告代理店勤務　宝田あきおさん（仮名・二十七歳）

入社五年目の宝田さんは、同期の中でもいちはやくマネージャーに昇進。現在は、大手飲料メーカーの広告制作を一手に任されている。

クライアントとの打ち合わせから、ＣＭのコンセプトづくり、さらにはキャスティングや予算の管理まで、すべて宝田さんが采配を握っているのだ。ときには数百人規模のスタッフと、億単位のお金を動かすこともある。

弱冠二十七歳の彼が、なぜここまで信頼されているのか――。

それはひとえに、彼の〝管理能力〟が高いからだ。

大規模なプロジェクトをスムーズに進めるためには、「人材の管理」「予算の管理」「スケジュール管理」が大きな肝《きも》になる。

計画を立てずに見切り発車したり、無理なスケジュールを立てたりしていては、必ずどこかで破綻《はたん》してしまうからだ。

宝田さんはこうしたノウハウを、「お金が貯まる習慣」を身につける過程で習得した。なぜなら自分のお金を貯めるのも、「自己管理」「予算管理」そして、貯金までの「スケジュール管理」といった能力が必要だからだ。

会社で任されるプロジェクトは、この規模が拡大したものにすぎない。

宝田さんの給料は、この不景気の中でも毎年順調にアップされている。いくら厳しい状況とはいえ、手放したくない人材に対しては、企業はきちんと報酬を支払うものなのだ。

社会人になってわずか五年の宝田さんだが、すでに２００万円近くの貯金がある。日々の仕事も充実し、仕事仲間からも信頼されている。

クライアントから、「宝田さんと仕事ができて良かった」とお礼の言葉を述べられる瞬間が、何よりもうれしい。そして後輩から、「宝田さんを目標にしています！」と言われるときも……。

つまり、お金が貯まる人というのは、「良い仕事ができる人」でもあるのだ。

良い恋愛をしている　～人にもお金にも変な執着がない

仕事に続いて、「お金が貯まる人」の〝恋愛〟をのぞいてみよう。

化粧品メーカー勤務　愛川レナさん（仮名・二十九歳）

大学時代から、アルバイトでコツコツ貯めたお金で株式投資し、なんと資産を500万円にまで増やしているというしっかり者のレナさん。

勤務先の化粧品メーカーでは、その美貌と聡明さを買われ、広報の顔として活躍中。

給料だって悪くない。

もちろん、プライベートだって充実している。

付き合いだして三年目になるレナさんの彼は、いわゆる〝青年実業家〟。日本の化粧品をアジアに輸出して高い利益を上げているらしい。

レナさんとの出会いは、新商品の発表会。レナさんが勤める化粧品会社が開いたイベントでのことだ。レナさんに一目ぼれした彼は、猛アタックをかけて、一週間後に付き合いはじめるというスピード恋愛。

それから三年経ち、彼はレナさんにプロポーズをし続けているが、レナさんは返事を保留している。

「もったいない！　今すぐ結婚すればいいのに」

女性読者からのそんな声が聞こえてきそうだが、それには深い理由があるのだ。

実はレナさん、ニューヨークに渡ってメイクの勉強をするのが夢。三十代を前に、なんとかその夢を叶えたいと必死で語学の勉強を続けているのだ。

もちろん仕事を辞めても、今まで貯めた５００万円があれば、二年間は十分、海外で生活できる。

彼は、そんなレナさんの夢をもちろん全力で応援しているし、レナさんが結婚を承諾してくれるまで、何年でも待つつもりだという。

「あ〜、なんてうらやましいんだろう！」

という女性読者からの声がまたしても聞こえてきそうだ。

貯金もしている、仕事も順調。そしてもちろん、恋愛も順風満帆で、さらに自分の夢まで追いかけている——。

なぜ、レナさんばかりうまくいくのだろう？

それは、**「人にもお金にも、変な執着がない」**からだ。

誰もが憧れる化粧品メーカーの広報の仕事も、自分の夢を叶えるためならスパッと辞めようとする潔さ。

コツコツ貯めた500万円も自己投資できる度胸。そして何よりも、彼に依存せず自分の道を歩こうする信念の強さ。

これらがレナさんの魅力となって、彼をますます惹きつけているのだろう。

お金を貯めることができる人は、他者との良い距離感を保つことができ、結果的に素晴らしい恋愛ができるというわけだ。

〝デキる人〟が集まる人脈を持っている

～あなたを取り巻く環境は、あなたを映す鏡である

貯金ができるようになると、まわりに優秀な人が増えてくる。

〝類は友を呼ぶ〟というように、あなた自身が自己管理でき、目的に向かって努力できる人間になれば、自然とあなたのまわりにも同じような人間が集まってくるからだ。

ここでも事例をご紹介しよう。

住宅メーカー勤務　山中和也さん（仮名・三十二歳）

山中さんは、住宅メーカーの営業マン。このご時世で、いっこうに販売ノルマが達成できず、いつも同僚と一緒に飲みに行っては会社のグチを言う日々が続いていた。

営業成績が思わしくないので、もちろん給料も上がらない。

結婚を前提にお付き合いしている彼女もいるが、結婚資金が貯められないからプロポ

ーズもできない。気のせいか、最近彼女の態度がよそよそしい……。

「あ〜、オレはなんてダメな男なんだ」そんな思いが込み上げて、悔しくなる。

それどころか、最近、窓際に追いやられた四十代の上司の姿が、自分の将来像と重なって恐怖さえ感じてきた。

「オレは、絶対あんなふうにならないぞ！」

山中さんは、そう自分を奮い立たせた。

営業のノウハウについて書かれた本を片っ端から読みあさり、デキる営業マンの仕事ぶりを徹底的にまねた。落ちこぼれの同僚たちとはつるまず、会社帰りは異業種交流会などに参加し、できるだけ人脈を広げることに努めた。

そんな努力を続けること約半年――。

山中さんの営業成績は、ぐんぐん伸びて、ついに部署内でトップに躍り出た。

すると、ある日、営業部長から呼び出され、「山中くんに営業部のリーダーを任せたい」とのお達しが。

山中さんは、飛び上がるほど喜んだ。リーダーになれば手当がついて給料も上がる。何より、彼女にも胸を張ってプロポーズできるからだ。

山中さんは、リーダーになってからますます仕事に打ち込み、営業成績もトップを走り続けている。もちろん、お金も少しずつだが貯まりはじめた。

すべてが順調に回りはじめると、今度は山中さんを取り巻く環境が、以前とは一八〇度変わってきた。

月に一回開かれるリーダー会議では、日本全国から集まってくる優秀な営業マンたちと顔を合わせ、意見を交換し合う。会社の営業戦略についてだけでなく、経済の動向や世界の情勢などについても議論をするようになった。

今まで知らなかった知識も吸収できて、山中さんにとっては非常に刺激的な時間だ。以前、会社帰りに同僚とグチをこぼしていた頃がウソのようだ。

なぜ、こんなにも彼を取り巻く環境が一変したのだろう。

それは、山中さんが成長するとともに、彼を取り巻く人々もアップグレードされたからだ。

つまり、自分のまわりにいる人たちは、自分を映す鏡のようなもの。

自分が成長することで、自然とまわりは〝デキる〟人材ばかりになるのだ。

スリムで健康な体を持っている
～自己管理能力と意志の強さを持っている

「お金が貯まる人」の〝体〟は、どうなっているだろうか？

「体なんて、お金と関係あるの？」

あなたは、そう思ったかもしれない。


もちろん大いに関係がある。なぜなら、**その人に〝自己管理能力〟があるかどうかは、体型を見れば一目瞭然だからだ。**

何度も言うが、実際に私自身も「借金大魔王」だった頃は、90キロ近い体重があった。

でも不思議なことに、体重が減ってくるのと反比例して、貯金は増えていった。

なぜなら、「ダイエット生活＝お金が貯まる生活」という図式があるからだ。


では、事例を見てみよう。

派遣社員　沢田ゆかりさん（仮名・三十三歳）

ゆかりさんは、焦《あせ》っていた。

なぜなら、三十路《みそじ》を過ぎてはや三年。結婚を前提に付き合っていた彼とも半年前に別れ、仕事は派遣で転々とするばかり。

「この先、いったいいつまでこんな生活が続くんだろう」

そんなことを考えると、不安で仕方ない。

気分が沈みがちになると、ゆかりさんはいつも、友人たちと大好きなお酒を飲んでストレスや不安を発散する。シメには必ず、「スイーツでも」ということになり、彼と別れてから半年間で、７キロも体重が増加した。

〝幸せ太り〟ならいざしらず、〝失恋太り〟なんて目も当てられない状況だ。

「こんなんじゃダメ！　私、絶対に変わってやる！」

ゆかりさんは一念発起して、彼を見返すためにも痩《や》せることを決意。

ここからのゆかりさんは、周囲も驚くほどの変貌ぶりだった。

まず、毎晩のように飲んでいたお酒をピタリとやめ、仕事が終われば、脇目もふらずに区のスポーツジムに直行。入場料金３００円で一日二時間、汗を流した。

もちろん、カロリーの高い外食はしない。シリコンスチーマーを買って、毎日、蒸したヘルシーな野菜中心の食生活に。

夜ふかししているとお腹がすくので、夜は○時までには寝ることにした。すると、自然に朝早く目が覚めるので、出勤までの間、ゆったりと朝風呂につかって半身浴を楽しんでいる。

体は軽く、気持ちもリフレッシュ。

早起きするようになったおかげで、いつもより早めの電車に乗るようになった。車内は空いているので、座ってゆっくり本が読める。ストレスも溜まらない。

それだけじゃない。会社についてからも、以前は小さなことでイライラしていたが、スムーズに仕事を進められるようになった。

周囲からも頼られるようになり、つい先日は、「沢田くん、うちで正社員にならないか」と、部長から声をかけられた。

もちろん、断る理由などない。

正社員になったおかげで、給料も増え、ボーナスももらえるようになった。


「絶対に変わってやる！」と、ゆかりさんが決意してから、わずか一年。

ゆかりさんは劇的に美しくなった。

乱れていた食生活を見直したおかげで、10キロのダイエットに成功し、念願だったウエストのくびれもできた。三十路を過ぎてくたびれかけていたお肌もツルツルになり、少なくとも五歳くらいは若返って見える。

そのおかげで最近では、「もう一度、ミニスカートはいてみようかな」なんて考えながら、鏡の前でうっとりすることもある。

もちろん、お金だって貯まってきた。

外食をやめた分のお金を、すべて貯金に回しているからだ。

もちろん、もらったボーナスもすべて貯金。できれば三年以内にマンションの頭金を貯めて、マイホームを持ちたいと、密かに計画している。


最近では、いつも通っているスポーツジムに、少し気になる人がいる。

今度二人で、食事に行く約束もとりつけた。

「なんだか、春がくる予感♪」

スリムで健康な体を維持できる人は、自然とお金も貯まる。ゆかりさんは、明るい未来を見通すことができるようになったのだ。

なぜか異性からモテる　～自分の生活に対する責任感と安定感が人を惹きつける

実は、**「お金が貯まる人」は、異性にもモテる。**

この項目については、恥ずかしながら私の〝モテキ〟についての体験をご紹介しよう。

マネーコンサルタント会社経営　田口智隆（本名・四十三歳）

繰り返しになるが、私は二十八歳の頃、500万円もの借金を抱えていた。毎晩キャバクラで飲み歩き、休日には競馬にパチンコ三昧。おまけにブランド依存症だったから、あれよあれよという間に借金が膨らんでしまったのだ。

当然ながら、生活は不規則で不摂生。真夜中にシメのラーメンを食べるような日々が続いていたので、体重もあれよあれよという間に増えて90キロ近くになっていた。

ちょっと動くだけでも息切れするし、食事をするだけで汗をかく。今、当時の自分の写真を見たら、とても自分だとは認めたくないくらい、とにかく暑苦しい。お世辞にも、モテるとは言い難い容姿……。

それでもお金持ちならまだしも、５００万円もの借金を背負い、おまけに90キロの巨漢の私を好きになってくれる女性など、いるわけがなかった。


しかし、二十八歳といえば恋愛したいお年頃。

どうしようもない自分だったけど、好きな女性くらいはいた。

相手は、毎日通っているキャバクラで働いている女性。

彼女は、私がお店に行くと、いつもとびっきりの笑顔と優しさでもてなしてくれた。

冷静に考えたら、そんなの１００％営業スマイルなのだが、当時の私は真に受けていた。

「彼女はきっと、自分を好きに違いない！」と思い込んでいたのだ。

あぁ……、なんておめでたいのだろう。

　私は彼女に、たくさんのお金をつぎこんだ。毎日飲みに行ったし、プレゼントも贈った。でも悲しいかな、店の外で会えたことは一度もなかった……。

　そりゃそうだ。借金５００万円も抱えているうえに、体重が90キロもあるいい加減な男を、好きになる女性なんてそういない。


　いや、いくら太っていたって、モテる男性はたくさんいるだろう。

　でも当時の私は、驚くほどモテなかった。

　それはおそらく、自分に対して自信がまったくなかったからだろう。

　お金がないのにプレゼント攻撃をしたり、ブランド物を買いまくるのは、地に足が着いていない、自分がブレまくっている状態だったからだ。

　一時はすごく落ち込んだけれど、「経済的独立を勝ち取る！」という目標ができてからは、女性どころではなくなった。

キャバクラ通いやギャンブルをやめ、食事は自炊を徹底した。

健康のために、ウォーキングが日課になった。

必要のない物は何ひとつ買わず、ただひたすら「借金完済」「経済的独立」のために働き、まるで出家した僧侶のようにストイックな生活を送っていた。

やがて、借金の残高と私の体重は面白いように減っていった。

毎日一生懸命に働き、借金を返し、そして日々を丁寧に過ごした。

「あともう少しで借金が返済できる！」という頃になると、なぜか驚くほど女性にモテるようになったのだ。

当時、父の仕事を継いで保険の営業をしていた私は、人脈を広げるために異業種交流会やセミナーに参加することも多かったのだが、いつも誰かしら女性に声をかけられた。

連絡先を聞かれたり、「次も会いたい」なんて信じられないアプローチまで！

女性から見れば、地に足を付けて日々を真面目に生きている男性は魅力的にうつるのかもしれない。

「お金を貯められる人になる」ということは、自己管理能力があり、あらゆる誘惑に惑わされないという強い意志があることを物語っている。

おかげで私は、借金返済中に出会ったパートナーと、今でも幸せに暮らしている。

もし、かつての自堕落な日々を続けていたら、借金と体重は増え続け、今ごろ成人病を患《わずら》っていたかもしれない。もちろん、女性にモテることも、パートナーを見つけることもできなかっただろう。

貯金できるようになれば、自分に自信も湧き、恋愛の勝者にもなれるのだ。

必ず結果がついてくる　～「貯められた」ことが自信につながる

この項でも、引き続いて私自身の体験をお話ししよう。

すでに述べたように、私は猛烈な節約で500万円の借金をわずか二年で完済した。それから少しずつ貯金をし、30万円の種銭が貯まったところでそれを元手に投資を始めた。

「よし！　これでやっと、みんなと同じスタートラインに立てた！」

腹の底からモリモリと自信が湧いてきて、「四十歳までに必ず経済的独立を達成するぞ！」という目標に向けて、ますます力が入った。

それからというもの、私はさらに仕事に精力を注いだ。父の跡を継いではじめた保険の代理店は、正直、最初は好きになれなかったが、「お金を貯めるために」と心を入れ替えて熱心に取り組んだ。

とはいえ、やみくもに保険商品を押しつけるのではなく、お客さまの立場に立って、本当に価値のある商品を紹介するよう心がけた。

すると、私からガツガツ営業をかけなくても、「田口さんがすすめてくれるなら……」と言って、自然と契約を申し出てくれるお客さまが増えたのだ。中には知り合いをご紹介までしてくれるようなお客様まで。

もちろん、契約数が増えたら給料だって増える。さらには貯金も増える。それと比例するように、自分に対する自信もどんどんついていった。

それからは、人生が面白いように好転しはじめたのだ。

思い切ってはじめたＩＰＯ投資で財産を築き、四十歳の誕生日を待たずして念願だった「経済的独立」を果たすことができた。

ダメダメだった自分を振り返り、「オレだって、やればできるんだ」と思うと、涙が出るほどうれしかった。人と会ったり、新しいことにチャレンジしたりすることが、ますます楽しくなった。自信が出れば、表情やしぐさにも現れる。ありがたいことに、よりいっそう人から信頼され、頼られるようになった。

「貯金ができるようになる」ということは、すなわち自分自身の人生に自信が持てるようになるということ。そうすれば、自ずと結果はついてくるのだ。

いつも部屋が片づいている　～無駄な物、必要ない物に縛られていない

では、「お金が貯まる人」の部屋はどうなっているのだろう？

「部屋なんて、どうでもいいよ」と思う人がいるかもしれないが、お金を貯めるうえで部屋はとっても重要。本書でも、何度かご説明したように、**お金が貯まる人の部屋は、無駄な物がなくスッキリ片づいている**からだ。

まずは事例を見てみよう。

家電量販店勤務　高木健介さん（仮名・三十一歳）

健介さんは、無類のメカ好きが高じて量販店に就職。現在、勤続三年目だが、すでにDVDプレーヤーの売り場でリーダーを任されている。

つい一年前までは、家中〝メカだらけ〟だった。

プレミアつきのオーディオデッキから、最新のブルーレイプレーヤー、さらには、マニアックな映像の編集機器まで。

量販店に勤めているから多少安く購入できるものの、それでも出費はかさむ。

だけど健介さんは、「これがオレの唯一の楽しみなんだから！」と特に気にしていなかった。

しかし、そんな健介さんの考えを一変させたのが、最愛の彼女、美咲さんの出現だ。

一年前に、友だちの紹介で知り合った美咲さんに、健介さんは一目ぼれ。交際がはじまった。

一日も早く彼女と結婚したいと思っている健介さんだが、彼女から「家を買わないと結婚しないわよ」と言われ、必死でお金を貯めるようになったのだ。

家中にあふれていたメカは、本当に必要なＤＶＤプレーヤーをのぞいてすべて売り払った。もちろん、新商品が出たからといって、これまでのように飛びついて買うことはない。

おかげで家の中はスッキリと片づき、そこには彼にとって本当に必要な物と、最愛の美咲さんだけが残った。

「二人で映画を観るためのプレーヤーと、彼女と一緒にゆったり座れるソファがあれば、それだけで幸せだ」

最近、健介さんはそう思いはじめている。

メカにかけるお金と時間は、彼女と二人でゆったりと過ごす時間にとって代わった。もちろん、不要な物を買わないから、貯金は順調に増えている。

自分にとって本当に必要な物がわかれば、家はスッキリと片づき、そしてお金が貯まる。そうするともちろん、恋愛だってうまくいくのだ。

一歩抜きん出た信頼を集めている　～信頼が集まれば、お金も集まってくる

ここで、あなたにひとつ質問がある。
あなたの会社に、次のAさん、Bさんのような上司がいた場合、どちらを信頼してついて行くだろうか。

A、かつての私のように借金まみれでギャンブル漬けの上司
B、仕事ができて営業成績はいつもトップ、後輩の面倒見も良い上司

「A」と答える人なんて、一人だっていないはずだ。誰だって、Bの上司を信頼し、ついて行きたいと思うだろう。

何度も言うように、**自己管理能力があり、自分の足でしっかりと立てるようになって初めて、人からの信頼を得ることができる。**

もちろん、「A」のようなギャンブル好きの人が、必ずしも人間的に悪い人ではない。私だって、ギャンブルやお酒におぼれていたものの、仕事仲間とは楽しくやっていたし、仕事には熱心に取り組んでいたから、それなりの収入もあった。

しかし、いくら仕事熱心でも、お金があったらあっただけ使いまくっているような人間を、信用してくれる人なんていない。

いくら心根のやさしい人であっても、「お金にだらしない」「自己管理ができていない」というダメ人間のレッテルを貼られてしまうのだ。

しかし一方で、自己管理がしっかりできて、お金にきっちりしている人は、「あの人は誠実だ」ということで人から信頼される。

人から信頼されるようになれば、自然と責任のある仕事を任されるようになる。

もちろん収入も増えていくはずだ。

まず人から信頼されるような行いを心がけること。そうすれば、お金も貯められるようになる。

嫌なことは「NO」と断ることができている
～自分スタイルを示せば、ムダ使いが減る

すでにお話ししたように、お金を貯められるタイプの人は、自分のスタイルを持っている。**自分にとって「必要な物」と「不要な物」がハッキリわかってくると、ムダ使いも少なくなる**からだ。

ここで、またひとつ事例を見てみよう。

百貨店勤務　伊藤美由紀さん（仮名・二十九歳）

午後八時。美由紀さんが勤める某百貨店は、閉店の時間を迎えていた。

「あぁ……、やっと終わった。早く帰って、中国語の勉強をしよう」

美由紀さんが、そうつぶやきながら店内の後片づけをしていると、同僚の珠美が声を

かけてきた。

「ねえ、美由紀。今日、駅前の焼鳥屋で一杯やっていこうよ！」

美由紀さんは、内心「おやじかよ！」と突っ込みながらも、ハッキリ断れずに「うん……、そうね」と、曖昧な返事をしてしまう。


美由紀さんは最近、百貨店にたくさん訪れるようになった中国人観光客の接客対応を向上させるため、中国語の勉強をはじめたのだ。どんなに忙しくても、一日に一時間は、机に向かうよう心がけている。

なのに……、また珠美からの誘い。正直言って、迷惑だ。

つい三日ほど前も、酒豪の珠美に付き合わされて、夜中の二時まで二人でお酒を飲んでいた。珠美は美由紀さんの倍以上飲むクセに、いつも割り勘でどうも腑《ふ》に落ちない。

「こんなことだから、私はいつまでたっても中国語が身につかないし、おまけにお金も貯まらないんだわ」

美由紀さんは思い切って、自分の気持ちをハッキリ珠美に伝えることにした。

「今は中国語の勉強に専念したいから」と、事情を説明し、誘いを断ったのだ。

内心、「嫌われるんじゃないか……」とビクビクしていたが、珠美は美由紀さんが説明をしたら、「すごいね～、私も頑張らなきゃ」と、あっさり理解してくれた。

それだけじゃない。珠美も美由紀さんに刺激されて、最近はお酒を控え、仕事帰りにスポーツジムに通いはじめたらしい。


美由紀さんは、おかげで中国語の勉強に専念できるようになった。

また、お酒を飲む機会も減ったので、給料日前になって「お金が足りない！」と慌てることもない。それればかりか、貯金をする余裕もできた。


自分にとって、大切なものは何か――。

それをきちんと把握して相手に伝えられれば、自ずと人生は好転し、お金も貯められるのだ。

すべてのことに迷いがない　～「迷わない」ことでなぜか通帳の残高が増えていく

いよいよ最終項だ。

ここで、すべてを総括してみよう。

もし、あなたが「お金を貯められる人」になったら、どんな生活を送ることができるのだろうか。

仕事――。

面白いように順調に進んでいる。

「自己管理能力」「予算管理能力」、そして「スケジュール管理能力」を身につけたあなたは、クライアントからの評判も良く、ご指名で仕事がくるようになっている。

上司や部下からも信頼され、社内では「デキる人」として、一目置かれている。

恋愛――。

仕事が順調に進んでいれば、自分に自信が生まれてくる。

自信がある人は、男性でも女性でも内面から輝いていて、とても魅力的に見えるものだ。当然、異性からもモテるようになるし、パートナーとは、良い距離感を持ちつつ、信頼関係を築くことができている。


健康――。

自己管理能力が身についたあなたは、自分の健康管理もしっかりできる。

もちろん、お酒を飲みすぎることも、深夜にラーメンを食べすぎることも、甘いものが手放せない、ということもない。

バランス良く食事をしているから、体もスリムになり、体調も良い。

メンタル――。
仕事、恋愛、健康。すべてにおいてうまくいっているあなたの精神状態は、言うまでもなく充実している。自分にとって必要なものが明確にわかっているから、嫌なものには「NO」と意思表示ができる。

自分のスタイルが確立されていくと、すべてのことに迷いがなくなっていく。

その結果、ひとつひとつの選択を、確信を持って、そして自信を持って行うことができる。


もし今後、人生の苦境に立たされたとしても、周囲から信頼を得ているあなたは、何かしらの支援を受けられるだろう。

肝心のお金はって？

もちろん、計画的にコツコツと貯金し、自分の判断に基づいて必要なときには投資もする。莫大な富、とまではいかなくても、あなたと家族が困らないだけの資産は築くことができるはずだ。

何よりも、お金を貯められるコツや思考法を身につけたあなたなら、かりに途中で一文無しになったとしても、再びリベンジし、また一から資産を増やすことができるはずだ。

いかがだろう？

お金を貯められるようになる、ということは、すなわち自分自身の手で「人生を成功に導けるようになる」ということと同じなのだ。

お金との付き合い方や意識を変えることで、自ずと人生は好転する。

そうしてすべてがうまく回りはじめると、結果的に「なぜかお金が貯まっていく人生」になるのだ。

エピローグ
——お金の整理術を覚えたら、人は一人前になる

私は本書を通して、お金の整理術や思考力を身につけることで、「人生すべてが好転する」ということを強く伝えたかった。

なぜなら私自身が、お金との付き合い方や使い方を見直すことで悪習を絶ち切り、ライフスタイルを立て直すことができたからだ。

その結果、今ではあくせく働かなくても食べていけるほどの資産を築くことができた。

コツコツとお金を貯める、という行為は、自分の人生と真摯《しんし》に向き合うことだ。

そして同時に、周囲の人に対して配慮できる人間になる、ということでもある。

つまり、人として一人前になるということなのだ。

「お金がない」とか、「お金が貯まらない」と言って、お金に振り回されているうちは、まだまだ半人前。

お金をコントロールできるようになってこそ、自立した人間と言えるのだ。

なんて、今でこそこんなに偉そうに言っている私だが、借金を抱えていた頃は、本当に未熟な人間だった。

借金を返済していく中で自己コントロールを身につけ、人として成長することができた。

だから今、「お金が貯まらない」と嘆いているあなたにも、ぜひ本書で学んだお金の整理術や思考術を身につけることで、人生を成功に導いてほしい。

最後にこの場を借りて、本書の出版にご協力をいただいた方々に対して、お礼を言わせてほしい。

私が本書を出版できたのは、執筆協力に多大なるご協力をいただいた和田秀子さん、廣済堂出版の山登麻子さんはじめ編集スタッフのみなさん、そして講演会に足を運んでくださった日本全国のみなさんのおかげです。

末筆となって恐縮だが、心から「ありがとうございました」とお伝えしておきたい。

そしてなにより、本書を手に取り、最後まで読んでくださったあなたに、心から感謝の気持ちを贈りたい。

「この本がキッカケで人生が１８０度変わりました！」

あなたから、そんな喜びの声が届く日を心待ちにしている。

田口　智隆

編　　集　江波戸裕子
DTP制作　三協美術

【注意事項】……投資は100％ご自身の判断と責任で行ってください。
本書で示した意見によって読者に生じた損害、及び逸失利益について、著者、発行人、発行所はいかなる責任も負いません。

本書は2011年11月、小社より単行本として出版された『「なぜかお金が貯まる人」がやっていること』を修正して新書化したものです。

「なぜかお金が貯まる人」がやっていること
2016年10月15日　第１版第１刷
2017年３月24日　第１版第２刷

著　者　田口智隆
発行者　後藤高志
発行所　株式会社廣済堂出版
〒104－0061　東京都中央区銀座３－７－６
電話 03-6703-0964（編集） 03-6703-0962（販売）
Fax 03-6703-0963（販売）
振替 00180-0-164137
http://www.kosaido-pub.co.jp

印刷所
製本所　株式会社廣済堂

装　幀　株式会社オリーブグリーン
ロゴデザイン　前川ともみ＋清原一隆（KIYO DESIGN）

ISBN978-4-331-52060-4 C0295